세상과 함께하는 10대

지구를 위해 이렇게까지 한다고?

세상과 함께하는 10대

지구를 위해 이렇게까지 한다고?

1판 1쇄 발행 2024년 9월 2일

글 이성희 | 그림 맹하나 | 펴낸곳 한권의책 | 펴낸이 김남중
교정 이진숙 | 디자인 나비
주소 (우)03968 경기도 파주시 노을빛로 109-26(202호)
출판등록 제406-251002011000317호
전자우편 knamjung@hanmail.net
전화 031-945-0762 | 팩스 0303-3139-6129

이성희·맹하나 ⓒ2024

ISBN 979-11-85237-63-3 43330

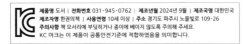

제품명 도서 | 전화번호 031-945-0762 | 제조년월 2024년 9월 | 제조국명 대한민국
제조자명 한권의책 | 사용연령 10세 이상 | 주소 경기도 파주시 노을빛로 109-26
주의사항 책 모서리에 부딪히거나 종이에 베이지 않도록 주의해 주세요.
KC 마크는 이 제품이 공통안전기준에 적합하였음을 의미합니다.

세상과 함께하는 10대

지구를 위해
이렇게까지
한다고?

이성희 글 · **맹하나** 그림 · **윤미영** 감수

한권의책

차례 작가의 말 6

정책이 바뀌고 〜〜〜〜〜〜〜

도시가 변하며

여전히 도전하는

작가의 말

우리는 모두 지구와 이어져 있습니다

    기후 위기와 환경 파괴는 전 지구적 문제입니다. 이러한 문제를 들여다보고 해결하기 위한 다양한 노력이 지구촌 곳곳에서 계속되고 있습니다. 사람들은 대중교통을 이용하며 개인 컵을 쓰고 일회용품 사용을 줄이는 등 삶의 방식을 바꾸려 애쓰고 있지요. 또, 이 문제에 관심을 가지고 서로 연대하면서 열띠게 논의하고 있습니다.

    이러한 일들은 매우 필요하고 소중합니다. 그러나 어쩌면 이란 격석(以卵擊石), 즉 '달걀로 바위 치기'가 될 수도 있어요. 그렇다면 우리는 어떻게 해야 할까요? 우리 자신의 변화뿐 아니라 사회 제도도 함께 바꾸어 나가야겠지요!

    이 책에서는 세계 곳곳에서 이루어지고 있는 여러 도시들의 노력과 함께, 환경을 보호하기 위해 새롭게 만들어야 할 정책에 대한 요구, 생각지도 못했던 놀라운 도전과 관련된 이야기들이 담겨 있습니다. 이러한 모든 일들은 2015년 국제연합(UN)의 총회에서 합의한 '2030년까지 지속 가능 발전을 위해 달성하기로 한 인류 공동의 목표'인 17가지 지속 가능 발전 목표(Sustainable Development Goals, SDGs)와 관련되어 있습니다. SDGs는 지속 가능한 도시와 공동체(SDG 11), 혁신과 지속 가능한 사회 기반 시설 구축(SDG 9), 모두에게 정의로운 제도(SDG 16), 지속 가능한 생산(SDG 12) 등과 같이 사회의 변화를 이끄는 정책과 제도의 혁신을 중요한 목표로 하고 있습니다.

물론 변화의 시작점은 지구를 위해 창의적인 아이디어를 내고 실패를 무릅쓰고서라도 도전을 멈추지 않는 사람들의 마음속에 있을 것입니다.

지구별에 사는 모든 이들이 자연과 더불어 살아가겠다는 생각을 가슴 한편에 품고 있기를 희망합니다.

하나뿐인 지구별에서 저자 드림

정책이

바뀌고

졸업을 하려면 나무를 심어야 한다고?
필리핀 졸업 유산법

　우리나라에서 태어난 사람이 초등학교와 중학교, 고등학교를 거쳐 대학교를 다니는 동안 나무를 몇 그루나 심을까요? 한 그루도 심지 않는 경우가 대부분일 거예요. 많아야 한두 그루 정도일 것입니다. 그런데 졸업을 하려면 열 그루의 나무를 심어야 하는 나라가 있습니다.

　2019년 필리핀의 하원을 통과한 '졸업 유산법'에는 초등학교부터 대학교까지의 모든 학생들이 열 그루의 나무를 심어야 졸업할 수 있다는 내용이 담겼습니다.

필리핀에서 매년 초등학교를 졸업하는 학생은 약 1,200만 명이고, 고등학교를 졸업하는 학생은 500만 명, 대학교의 경우에는 약 50만 명에 이른다고 합니다(필리핀의 고등학교는 4년제로 긴 대신에 우리나라 중학교 과정이 없습니다). 매년 1,750만 명이 졸업하니, 정말 어마어마하게 많은 수의 나무가 새로 심길 수 있는 것이지요.

필리핀은 동남아시아에 위치해 있으니 덥고 비가 많아 산림이 잘 자랄 수 있을 것이라고 생각하겠지만, 실제로 산림이 풍부한 것은 아니라고 해요. 과거에 필리핀은 전 국토의 70퍼센트가 산지였으나 많이 줄어들어 현재는 국토의 20퍼센트 정도여서, 기후 변화로 어려움을 겪는 나라 중 하나입니다.

산림이 훼손된 이유는 역사적인 원인에서 찾아볼 수 있습니다. 필리핀은 오랜 시간 동안 스페인과 미국의 식민 지배를 당했습니다. 그 시기에 대규모 플랜테이션이 이루어졌지요. 사탕수수, 코코넛, 바나나 등의 열대작물을 대량으로 생산하기 위해 농장 체제를 구축했는데, 그 과정에서 산에서 나무를 많이 베어 내어 다양한 생물종이 살기 힘든 환경이 되어 버렸습니다.

또한 도시화가 빠르게 진행되어 기반 시설들을 확충하면서 많은 나무가 베어졌습니다. 건물과 도로가 만들어지는 것과 동시에 나무는 급격하게 사라졌지요.

이러한 영향은 자연재해로 이어졌습니다. 2020년 필리핀은 세계 기후 위기 지수*에 의해 세계에서 다섯 번째로 기후 변화와 자연재해에 취약한 나라로 손꼽혔습니다.

필리핀에는 1년에 평균 10여 차례의 태풍이 들이닥치는데, 그동안 이로 인한 산사태 피해가 특히 컸습니다. 2018년 9월에는 태풍 '망쿳'으로 81명이 사망하고 수십 명이 실종되었고, 2006년 2월 레이테주에서는 호우와 지진으로 1,126명이 사망했습니다.

또한 평균 기온과 해수면이 지속적으로 상승하고 있으며, 산호초가 하얗게 변하는 백화 현상도 심화하고 있습니다.

그렇다면 나무를 심고 가꾸는 것은 우리에게 어떤 도움을 줄까요? 그것은 기후 변화를 완화하고 자연재해를 예방하는 가장 좋은 방법 중 하나입니다. 주택가에 숲과 나무가 늘어나면 생물종이 다양해지고 환경은 보호되며 인간 삶의 질도 좋아질 수 있어요.

또한 나무가 자원이 될 수 있으니 빈곤을 줄일 수 있고, 과실수 등으로 인해 다양한 먹거리를 안정적으로 확보할 수도 있습니다.

필리핀에서는 왜 하필 학교를 졸업하는 학생들에게 나무 심기를 의무화했을까요? 학교는 자연을 소중히 여기는 것을 배우는 곳이고, 미래 세대인 학생들은 지구를 책임지는 시민으로 양성되어야 하며, 학교는 지속 가능 발전을 전파하는 장소이기 때문일 것입니다. 졸업이라는 중요한 성과는 나무를 유산으로 물려받는다는 의미와 맥락을 같이합니다.

학생들이 졸업하며 매년 심는 나무는 필리핀의 현재와 미래를 위해 중요한 유산이 될 것입니다. 매년 초, 중, 고등학교를 졸업하는 우리나라의 500만 명 학생들에게 필요한 법은 어떤 법일까요?

***세계 기후 위기 지수**(Global Climate Risk Index): 유럽 비정부기구 저먼워치(Germanwatch)가 매년 자연재해로 인한 각국의 사망자 수와 피해액을 평가하여 발표하는 지수.

2시간 거리는 비행기를 못 탄다고?
프랑스 기후법

여러분은 국내 여행에서 제주도를 제외하고 가장 멀리 간 곳이 어디인가요? 부산이나 여수, 목포 혹은 서울로 여행을 갈 때 기차 대신 비행기를 타 본 적이 있나요?

제주도가 아니라면 대부분의 도시들은 고속 철도(Korean Train Express, KTX)를 타면 약 1시간, 많이 걸려도 2시간 30분 이내에 도착할 수 있을 거예요. 물론 서울에서 부산까지 비행기를 타면 1시간이면 도착할 수 있습니다.

그런데 어떤 나라에서는 기차로 이동할 때 2시간 30분을 넘지 않는 거리에 있는 지역이라면 여객기 운항을 금지한다고 합니다.

바로 프랑스예요.

　2021년 프랑스 의회는 '기후법'을 통과시켰습니다. 이 법은 2년 후부터 발효되었는데, 이 법으로 인해 파리를 기준으로 낭트(약 350킬로미터 거리), 리옹(약 390킬로미터), 보르도(약 500킬로미터)를 잇는 여객기 노선의 운항이 중단되었습니다. 우리나라로 치면 서울에서 제주도를 왕복하는 노선 외에 모든 국내 여객기 운항이 중단된 것과 같은 일이지요.

　이 법이 통과될 무렵, 프랑스의 국적 항공사인 '에어 프랑스'를 포함해 많은 항공업체들의 반발이 심했습니다. 막대한 손해가 예상되는 상황이니 당연히 반발할 수밖에 없었을 겁니다. 그러나 프랑스 정부는 고된 협상 과정을 거치면서 재정 지원을 약속하는

조건으로 여객기 운항 중단을 이끌어 냈습니다.

　이러한 움직임이 실효성은 적으면서 상징성만 갖는다고 비판하는 환경 단체들도 있습니다. 탄소 배출 저감을 위해서는 더 엄중한 실천이 필요하다고 주장하지요. 하지만 그 상징성만으로도 적지 않은 의미가 있습니다.

　프랑스 정부는 시민들의 불편을 줄이기 위해 여객기 운항이 중단된 노선에 열차를 적절히 배치하기로 했습니다. 하루 안에 왕복이 가능하도록 교통편을 보장하고 있지요.

　그렇다면 이렇게까지 하면서 항공기 운항을 중단한 이유는 무엇일까요? 여러 교통수단 가운데 탄소 배출이 가장 많은 게 바로 항공기이기 때문입니다.

2019년 에마뉘엘 마크롱 대통령은 '프랑스 시민 기후 회의'를 만들고, 4시간 이내로 열차 여행이 가능한 노선에서는 여객기 운항을 금지할 것을 권고했습니다. 그러나 일부 지역과 항공업계의 반발로 인해 의회 입법화 과정에서 2시간 30분 거리로 줄어들었습니다.

　항공기는 기차보다 탄소 배출량이 무려 77배나 많습니다. 우리나라의 경우 서울에서 부산까지 기차로 2시간 30분, 비행기로는 1시간이 걸립니다.

　그런데 비행기로 이동할 경우 탑승 절차 등을 고려하면 결국 20~30분 정도밖에 시간이 절약되지 않습니다. 그만큼의 시간 절약과 탄소 배출량을 비교해 본다면, 우리도 프랑스의 사례를 한번 고민해 봐야 할 때가 되지 않았을까요?

　프랑스의 이러한 결정은 탄소 배출 감축에 분명히 영향을 끼칠 것입니다. 어쩌면 탄소 저감을 위한 해결책이 될 수도 있습니다. 그러나 당장 우리나라의 경우 가장 먼 거리라고 하는 서울~부산(325킬로미터), 서울~목포(313킬로미터) 노선의 비행기를 모두 중단한다고 하면 사람들이나 운항과 관련된 산업체들이 뭐라고 할지 궁금합니다.

　항공편의 중단으로 불편을 겪을 사람들도 분명 있을 겁니다.

그렇지만 대기 중에 있는 이산화 탄소로 인해 누적되는 더 큰 문제를 고려한다면, 그리고 미래 세대의 불편함을 걱정한다면, 지금이라도 이러한 제도를 시행하는 것이 결코 빠른 것은 아닙니다.

옷 대여 서비스를 하는 항공사도 일본에서 등장했다고 합니다. 항공과 의류 산업은 각각 전 세계 온실가스 배출량의 3퍼센트와 8퍼센트를 차지하는데, 탄소 배출을 줄이기 위해 여행 짐의 무게를 줄이려는 것입니다.

사실 여행 짐의 대부분은 옷이지요. 가지고 갈 옷을 덜어 가방 무게를 줄이면 항공 연료도 적게 들기 때문에 일석이조로 탄소 배출을 줄일 수 있어요. 실제로 손님들의 수화물이 10킬로그램 줄어들 때마다 이산화 탄소 배출이 약 7.5킬로그램 줄어든다고 합니다.

대여한 옷은 손님의 숙소로 배송되고 손님은 사용한 후 호텔에 맡기면 됩니다. 손님들에게 제공하는 옷은 과연 어떤 것들일까요?

팔리고 남은 재고 상품이거나, 사용에는 문제가 없지만 외관상 문제가 있어 판매하기에는 적합하지 않다고 판정된 옷 등이라고 합니다. '못난이 채소 크롬꼬머(《못난이 채소 크롬꼬머》의 〈못난이 채소 편〉 참조)'처럼 사용에는 지장이 없는 옷들인 것이지요.

2023년 7월 5일부터 시작된 이 사업은 시범 기간을 거치면서 결과를 모니터링하고 있습니다. 탄소와 옷 폐기물을 동시에 줄이는 일석이조의 효과가 있으면 좋겠습니다.

어린이와 청소년이
기후 문제로 소송을 한다고?
아동 권리

기후 변화에 따른 피해는 나이와 국적, 성별과 무관하게 우리 모두에게 해당됩니다. 하지만 시간을 조금 더 길게 놓고 생각해 보면 결과는 사뭇 달라집니다.

예를 들어 1960년대에 태어난 아이와 2020년에 태어난 아이가 이상 기후를 경험하게 될 확률은 어떻게 될까요? 2020년생은 1960년생에 비해 이상 기후를 4배 정도 더 많이 경험한다고 하지요. 폭염은 6.8배, 흉작은 2.8배, 홍수는 2.8배, 가뭄은 2.6배 정도이고요. 지금처럼 우리가 이산화 탄소를 계속 배출하면 2060년생인 아이들은 이상 기후를 훨씬 더 많이 경험할 수밖에 없겠지요.

사실 이상 기후는 미래 세대가 더 잘 알아야 합니다. 현세대인 어른들에게 미래 세대가 잘 살 수 있는 권리를 요구해야 하지요.

물론 실제 상황은 그렇지 않습니다. 어린이나 청소년은 기후 위기에 대한 정보를 충분히 얻지 못하는 경우가 많지요. 기후 위기 대응을 위한 회의에 어린이나 청소년이 참석할 수 있는 경우는 거의 없습니다.

최근 들어 기후 문제 때문에 피해를 받았다고 소송을 제기하는 미래 세대가 늘고 있습니다. 2015년 미국 오리건주에서는 8~19세의 청소년 21명이 연방 정부와 화석 연료를 사용하는 기업들

에게 소송을 제기했지요. 이들은 "정부가 기후 변화의 위험성을 알고 있지만 50년이 넘도록 아무 일도 하지 않아 아동과 청소년의 생명권과 자유권, 그리고 재산권이 침해되었다."라고 주장했지요.

또한 포르투갈에서는 8~21세에 해당하는 미래 세대 6명이 유럽 인권 재판소에 소송을 제기했습니다. 이들은 2017년 포르투갈에서 발생한 산불이 120여 명의 목숨을 빼앗은 일을 계기로 유럽의 33개국이 기후 위기에 적절히 대처하지 않았기 때문에 자신들의 생명권이 침해되었다고 주장했고, 크라우드펀딩을 이용해 소송 비용을 마련해 더 주목을 받았어요.

그뿐 아니라 미국의 워싱턴, 콜로라도, 매사추세츠, 펜실베이니아 등에서는 청소년들이 연방 정부와 주 정부를 고소했고, 네덜란드와 덴마크, 영국, 캐나다의 청소년들도 소송을 제기했습니다.

이러한 이야기는 비단 해외 사례에만 해당되는 것이 아닙니다. 우리나라에서도 지금까지 4건의 기후 소송이 법원에 제출되었어요. 2020년 청소년 19명이 제기한 청소년 기후 소송, 2020년 중학생 2명이 제기한 기후 소송, 2021년 기후 위기 비상 행동과 녹색당 등 123명이 제기한 기후 소송, 2022년 태아를 포함한 어린이 62명이 제기한 아기 기후 소송 등이 있습니다.

아기 기후 소송은 "우리가 크면 늦습니다. 우리한테 떠넘기지 마세요. 바로 지금, 탄소 배출을 훨씬 많이 줄여야 합니다."라며 정부가 정한 온실가스 감축 목표가 앞으로 오랜 시간을 살아갈 어린이들의 생명권과 행복 추구권 등 기본권을 침해한다고 주장하는 소송입니다. 참여자는 태아 1명을 포함해 5세 이하가 30명인데, 이러한 형태는 세계 최초로 진행되는 것이기도 합니다.

헌법 소원 청구 내용을 보면, 지구 온도 상승을 섭씨 1.5도로 제한할 경우 2017년에 태어난 아이가 배출할 수 있는 탄소량은 1950년에 출생한 어른이 배출할 수 있었던 양의 8분의 1로 줄어듭니다. 늦게 태어났다고 해서 탄소 배출의 제한을 받는 것은, 그

것도 8분의 1의 제한을 받는 것은 매우 불평등한 일이지요.

따라서 미래 세대를 위해서는 현세대가 온실가스 감축 목표를 더 높여서 이상 기후를 극복하기 위한 노력을 해야 합니다. 책임이 더 있으니까요.

앞서 본 여러 소송 외에도, 비슷한 법정 소송들이 세계 곳곳에서 진행되고 있습니다. 소송단의 청구가 받아들여진 사례는 불행하게도 거의 없습니다.

그러나 미래 세대의 불평등 문제나, 미래 세대의 행복 추구권을 떠올려 보면 이러한 이의 제기는 결국 수용될 것이며, 정부가 기후 변화로부터 국민을 보호해야 한다는 의미 있는 결과가 머지 않은 미래에 나올 것이라 생각합니다.

동물 실험을 안 할 수도 있다고?
크루얼티프리

오래전 초등학교 교과서에는 차가운 얼음물에 금붕어를 넣고 관찰하는 실험이 있었습니다. 금붕어는 얼음물에서 호흡수가 줄어드는데, 아가미의 움직임 역시 일반적인 온도의 물에 있을 때보다 훨씬 적어지는 걸 볼 수 있었어요.

그 실험은 금붕어의 호흡을 관찰하는 것이었지만, 추운 물 속에 있는 금붕어에게 감정이 이입되어 과학 실험이 참 잔인하다고 생각했습니다.

플라나리아의 머리를 양쪽으로 잘라 보는 실험 역시 너무 잔인하다고 생각해서 수업 중에 선생님께 질문을 했지요.

"선생님, 너무 잔인해요. 이걸 꼭 해야 하나요?"

"플라나리아는 고통을 느끼지 못한다."

물론 플라나리아는 고통을 느끼지 못하니, 싫다는 생각도 못할 겁니다. 그렇지만 생명을 대상으로 실험하는 나 자신은 그러한 감정과 고통을 느끼고 있었지요.

'크루얼티프리(Cruelty-Free)'라는 것이 있습니다. 동물들과 관련된 잔인한 행동에서 벗어나자는 움직임입니다. 특히 동물 실험을 하지 않거나, 동물성 원료를 쓰지 않은 제품이나 서비스를 가리키는 말이기도 합니다. 주로 화장품, 패션 등 뷰티 업계에서 사용됩니다.

농림 축산 검역 본부의 발표에 따르면, 2021년 한 해 동안 우리나라에서는 488만 마리의 동물이 실험에 동원되었는데, 이는 2020년보다 약 18퍼센트 늘어난 양이라고 합니다. 최근 5년간 동물 실험은 지속적으로 증가하고 있으며, 지난 10년간 처리한 실험동물 사체 등의 총량은 약 3만 8,923톤이나 된다고 하지요.

크루얼티프리는 동물권 운동가 뮤리엘 다우딩에 의해 시작되었습니다. 그는 의류를 만드는 사람들에게 인조 모피를 사용하도록 유도하였지요. '잔인함 없는 아름다움(Beauty Without Cruelty)' 이라는 문구를 사용하였는데, 1959년에는 이와 동일한 이름의 자선 단체도 설립했습니다.

크루얼티프리가 본격적으로 알려진 것은 1970년대였습니다. 1979년 4월 24일 영국의 동물 실험 반대 협회에서는 전 대표인 휴 다우딩 남작의 생일을 기념하기 위해 '세계 실험동물의 날'을 제정했습니다. 매년 4월 24일 세계 곳곳에서 동물 실험을 반대하는 행사가 열리기도 하지요.

이와 같이 동물 실험이 비윤리적이며 실제로는 효율적이지 못하다는 이유에서 반대하는 입장이 있는가 하면, 한편으로는 인간의 건강과 안전을 위하여 동물 실험이 필요하다는 입장도 있습니다.

하지만 동물 실험 결과가 사람에 대해 실행한 임상 실험에서 동일하게 나올 확률은 매우 적다고 합니다. 동물 실험의 결과만으로는 안전성을 확보한다고 보기 어렵다는 이야기이겠지요.

경제 협력 개발 기구(Organization for Economic Cooperation and Develonpment, OECD)가 인정하는 모든 동물 대체 시험법에는 '3R 원칙'이 적용되고 있습니다. 3R은 감소(Reduction), 대체(Replacement), 개선(Refinement)을 의미하는데, 동물 실험 숫자 줄이기, 비동물 실험으로 대체하기, 동물의 고통을 최소화하기가 이에 해당

됩니다.

  우리나라에서는 동물 보호법 제3장 제23조에서 동물 실험의 원칙을 제정하여 동물의 고통을 덜어 주거나 동물 실험을 가능한 한 대체하도록 권고하고 있습니다.

  2019년 식품 의약품 안전처에서 연구 개발한 동물 대체 시험법이 OECD의 승인을 받았는데, 그 내용을 보면 인공 장기 실험, 인공 피부 실험 등이 효과적으로 동물 실험을 대체하고 있습니다.

  광독성 시험법은 인체 피부 조직과 유사하게 만든 피부 모델을 활용하여 화학 물질 등의 광독성 여부를 평가하는 시험법입니다. '안(眼) 자극 동물 대체 시험법'도 있는데, 이것은 사람 눈과 비슷한 인체조직 모델을 구축하여 화장품이 눈을 얼마나 자극하는지 시험할 때 더 이상 동물들이 고통 받지 않는 대체 실험 방법입니다.

  이처럼 동물의 고통을 줄이면서도 인간을 이롭게 할 새로운 기술을 발명하고 발견하려는 노력은 계속되고 있습니다. 동물에게 잔인한 고통을 주는 것을 막아 내는 세상으로 점차 변화하고 있는 것입니다.

기체에 세금을 매긴다고?
탄소 국경세

　지금은 수질 오염으로 인해 강물을 식수로 사용하는 사람이 거의 없지만, 조선 시대에는 누구나 강이나 냇가의 물을 길어 마시거나 음식을 만들 때 썼지요. 이러한 공공재인 강물을 사람들에게 돈을 받고 판 〈봉이 김선달〉 설화는 그래서 더 유명한 이야기가 되었습니다. 현대 사회에서는 공기를 누구나 무료로 사용하고 있습니다.

　그런데 〈봉이 김선달〉처럼 공기 중 떠다니는 기체인 탄소에 세계적으로 세금이 매겨지고 있다는 사실, 혹시 여러분은 아시나요? 그것도 국가 간의 거래에서 말이지요. 기후 변화는 한 마을이나 한 국가에만 해당되지 않아서 어느 한 지역에서 해결할 수 있는 문제가 아닙니다. 기후 위기를 극복하기 위해서 여러 국가에서 다양한 시도를 하고 있지요. 그중 하나가 바로 탄소 국경세입니다.

우리나라는 2015년 탄소 배출권 거래 제도를 시행했습니다. 2024년 현재, 3기째 접어들고 있는 이 제도는 기업들이 이산화탄소 등의 온실가스를 배출할 권리를 사고팔 수 있게 하는 제도입니다.

정부가 기업별로 탄소 배출량을 미리 배분하고, 할당량보다 배출량이 많은 기업은 한국거래소나 장외 시장에서 배출권을 사야 합니다. 반대로 남은 배출권을 거래소에서 팔 수도 있습니다. 현재 이 제도에 참여하고 있는 기업은 약 650곳이며, 탄소 배출권 거래소에서 탄소 배출권을 사고팔고 있지요.

그렇다면 탄소세에 대해서 좀 더 알아볼까요? 탄소세는 환경 문제와 기후 변화로 인해 배출되는 탄소 양을 줄이기 위해 도입된 정책입니다. 탄소를 많이 배출하는 기업이나 개인에게 추가적인 비용을 지출하도록 부담을 줌으로써 탄소 배출량을 줄이는 효과를 얻으려고 하는 것이지요.

일반적으로 탄소세는 에너지 사용량을 기반으로 책정됩니다. 즉, 탄소를 많이 배출하는 화석 연료의 소비량이 많을수록 탄소세의 부과금이 더 높습니다. 이렇게 부과된 탄소세는 정부가 징수하며, 이 수입은 대부분 환경 보호 및 에너지 전환과 관련된 사업에 사용됩니다.

탄소세는 1990년 핀란드를 시작으로 스페인, 노르웨이, 스웨덴, 덴마크, 영국 등이 도입했습니다. 2023년에는 유럽 연합(EU) 의회에서 회원국의 최종 승인을 거쳐 탄소 국경 조정 제도가 적용되는 품목(철강, 알루미늄, 시멘트, 비료, 전력, 수소 등)을 수입하려면 수입업자가 연간 수입량에 따른 배출권을 반드시 구입해야 합니다.

EU에서는 탄소 국경세의 적용 품목을 계속해서 늘리는 방안을 추진하고 있습니다. 이러한 노력을 '핏 포 55(Fit for 55)'라고 합니다. 2030년까지 온실가스 배출량을 1990년 대비 55퍼센트로 줄이고 2050년까지 탄소 중립을 달성하겠다는 뜻이 담긴 이름입니다.

탄소 국경세는 탄소 배출량 감축 규제가 상대적으로 약한 국가에서 탄소 배출이 많이 일어나고 있는 문제를 해결하기 위한 것입니다. 한국 및 아시아 지역에서는 탄소 국경세로 인해 수출에 타격이 있을 것으로 예상되지요.

우리나라는 전체 전력 소비량이 세계 8위, 인당 전력 소비량이

7위에 해당하는 국가입니다(2020년 기준). 발전 과정에서 배출되는 이산화 탄소 배출량도 다른 선진국에 비해서 높지요.

우리나라도 2050년 탄소 중립 달성을 목표로 친환경성을 높이거나 친환경 인증을 취득하는 등 탄소 배출을 줄이기 위해 다양한 노력을 해야 합니다. 지구 온난화를 일으키는 탄소 배출량을 줄이는 것이 미래 인류의 생존과 지속 가능한 발전을 위해 필수적인 과제 중 하나이기 때문입니다.

환경 때문에 가격이 오른다고?
기후플레이션과 그린플레이션

경제 문제를 이야기할 때 흔히 쓰는 말이 있습니다. 바로 인플레이션과 디플레이션입니다. 인플레이션이란 한 국가의 재화와 용역 등의 전반적인 물가가 지속적으로 상승하는 경제 상태를 말합니다. 이와 반대로 디플레이션은 물가가 하락하는 것을 의미합니다.

그런데 인플레이션이든 디플레이션이든 경제적으로는 좋은 상태가 아니라고 할 수 있어요. 디플레이션의 경우 실질적으로는 전반적인 경제 성장이 멈춰서 대량 실직 상태나 임금 동결 등으로 소비가 위축되는 경우가 많습니다.

이러한 개념을 바탕으로 환경 분야에서 새로 생긴 단어가 기후플레이션과 그린플레이션입니다. 기후플레이션은 '기후(climate)'와 '인플레이션(inflation)'을 합쳐, 기후 변화에 의해 농작물의 생산이 줄어들면서 물가가 상승하는 현상을 나타내는 말입니다. 2023년에 생겨난 신조어예요.

기후플레이션의 대표적 사례로는 서아프리카의 가나와 코트디부아르의 코코아 생산량 급감 현상을 들 수 있습니다. 엘리뇨 등의 기상 이변으로 이상 기후 현상이 심화되어 병충해가 확산된 것이 그 원인입니다. 코코아를 원료로 하는 많은 제품들의 가격이 일제히 올라 우리나라에서도 유명한 초콜릿 과자들의 가격이 12퍼센트 정도나 인상된 사례가 있습니다.

예전에는 값싼 반찬에 속했던 김도 기후 변화로 해수 온도가 상승하면서 생산량이 크게 줄어들었습니다. 조미김의 가격은 10퍼센트 이상 웃돌고 있다고 합니다.

이뿐만이 아니지요. 2023년 국제 곡물 가격은 극한 날씨 때문에 사상 최고 가격을 경신했다고 합니다. 특히 서양에서 주식으로 먹는 밀 가격이 급등함으로써 우리나라 라면 가격에도 영향을 주었지요.

기후 위기로 인해 장마가 예전보다 길어 일조량이 줄어들면서 작물 수확량이 줄었고, 수확해도 습기 때문에 작물이 쉽게 상하는 경우도 많다고 합니다. 계속되는 폭염과 가뭄에 작물이 말라 죽기도 하면서 식품 가격이 상승하는 것입니다.

이처럼 식품 생산량이 변동하는 요인으로 기후의 영향이 커졌음을 알 수 있습니다. 기후는 1, 2년 단위가 아니라 짧게는 30년, 길게는 100년 정도의 단위로 변화하므로 기후 위기로 인한 인플레이션, 즉 기후플레이션에 대한 대비가 필요합니다.

기후플레이션과 같은 맥락에서 그린플레이션이라는 말도 있습니다. 그린플레이션은 친환경을 뜻하는 '그린(green)'과 물가 상승을 뜻하는 '인플레이션'이 합쳐진 말로 기후 변화에 대응하기 위한 다양한 노력과 정책이 물가에 반영되는 것을 의미합니다.

예를 들면 기후 위기를 막기 위해 세계 각국에서 탄소 배출을 줄이면서 친환경 원자재 사용, 태양광이나 풍력과 같은 신재생에너지 사용, 친환경 규제 등으로 인한 기회비용 등이 복합적으로 작용해서 결과적으로 물가가 상승하는 것이죠.

기존의 발전 방식인 화석 연료 발전 설비에 비해, 재생 에너지의 발전 설비에는 니켈, 구리, 철광석 등이 더 많이 필요합니다. 각국에서 탄소 배출을 줄이기 위해 재생 에너지 발전을 서두르다 보니 구리 가격이 급등하는 거예요.

또한 휘발유나 경유 자동차 같은 내연 기관 자동차를 탈피해

전기 자동차 생산량을 늘리면서 알루미늄이 많이 필요해졌는데, 탄소 배출량을 억제하기 위해 알루미늄 생산을 제한하다 보니 알루미늄 가격이 올라서 전체 물가가 상승하기도 합니다.

우리 생활 속에서도 친환경 제품이 그렇지 않은 제품들보다 비싼 경우를 자주 볼 수 있습니다. 플라스틱으로 만든 일반 칫솔보다 대나무 칫솔이 더 비쌉니다. 또, 플라스틱 필름으로 만든 비닐류보다 생분해 비닐을 구입하는 것이 비용이 더 많이 들지요.

기후 변화에 대응하기 위한 노력은 사회 전반으로 퍼져 있는데 이러한 노력을 기울일수록 물가가 상승하는 아이러니가 발생한다고도 볼 수 있어요. 그럼 어떻게 해야 할까요?

그린플레이션이나 기후플레이션으로 인한 물가 상승을 개인이 모두 감당한다는 것은 어떻게 보면 정의롭지 못한 일일 수 있습니다. 개인이 책임져야 하는 것으로 미루기보다는 이러한 인플레이션의 부담을 완화할 수 있는 정책이 마련되어야 합니다.

예를 들면 친환경 원자재나 친환경 에너지 부문에 대한 투자를 좀 더 확대하거나 기후 변화에 적응하는 다양한 식품을 개발하는 노력이 필요하지요.

물론 이러한 노력은 기업만 해서는 안 될 것입니다. 기업이 이러한 투자와 개발을 잘하려면 정부의 지원도 있어야 하지요. 단기간에 극복하기 어려운 문제이므로 소비자들도 현명하게 대처

할 필요가 있습니다.

    그렇게 한다면 기후플레이션이나 그린플레이션은 좌절의 곡선이 아니라, 친환경 시대를 구조적으로 보다 더 앞당기는 희망의 곡선이 될 수 있을 것입니다.

오감이 공해로 괴롭다고?
감각 공해

    '공해'라는 말을 들으면, 여러분은 무엇이 먼저 떠오르나요? 예전에는 공기나 토양, 강과 해양 등 자연환경이 더럽혀지고 생태계가 파괴된 상태를 공해라고 불렀습니다. 그러한 오염에서 자연을 보호하고 생태계를 보전하려는 노력을 기울여 왔지요.

    최근 사람들을 괴롭히는 공해 중 하나로 '감각 공해'가 새롭게 알려지고 있습니다.

    우리 몸의 감각에는 어떤 것들이 있지요? 감각에는 후각, 미각, 청각, 시각, 촉각 등 다섯 가지가 있습니다. 우리는 몸에 있는 감각 기관을 통해 정보를 얻거나 즐거움을 맛보며 특별한 경험을 매일 합니다. 그만큼 우리에게 감각은 매일, 매시간 없어서는 안 되는 중요한 요소입니다.

감각 공해란 사람의 감각 기관에 불쾌한 자극을 주어 생활을 방해하는 상태를 말합니다. 특히 시각, 후각, 청각에 각기 관련된 빛 공해, 악취 공해, 소음 공해 등을 일컫지요.

감각 공해를 다른 말로 '도시형 공해'라 부르기도 합니다. 도시화가 급속히 진행되고 다양한 사람들이 이 속에서 많은 활동을 하다 보니 낮과 밤의 경계가 모호해졌습니다. 이로 인해 빛으로 인한 공해가 더욱 심화되고 있습니다.

빛 공해는 도시에서 흔히 볼 수 있는 조명, 전광판, 가로등, 자동차의 상향등 등이 밤에도 환한 상태로 유지됨으로써 사람들에게 피해를 입히는 것을 말합니다. 빛 때문에 사람들은 잠을 제대로 잘 수 없어 생체 리듬을 잃기도 합니다. 수면 장애뿐만 아니라 우울증 등 심리적인 영역에도 영향을 미쳐 세계 보건 기구(World Health Organization, WHO) 산하 국제 암 연구소에서는 2007년 빛 공해를 발암 물질로 지정하기도 했습니다.

또한 빛 공해는 동식물에게도 영향을 미칩니다. 개화 시기가 변함으로써 작물 수확이 예전과 달라졌고, 철새 등이 방향성을 잃어 이동하는 데 어려움을 겪고 있습니다. 야행성 곤충들은 먹이를 찾는 행태가 바뀌었으며, 짝짓기에도 악영향을 미치고 있습니다.

　두 번째는 소음 공해입니다. 소음 공해로 인한 피해는 언론 매체를 통해 종종 접할 수 있습니다. 대표적인 예로 층간 소음을 들 수 있지요. 우리나라는 다른 나라에 비해 여러 가구가 함께 모여 사는 고층 건물이 많습니다. 이러한 아파트에 거주하는 사람들 중에는 원하지 않은 소리를 매일 들음으로써 불쾌감을 호소하는 경우도 많습니다.
　그 외에도 소음 공해의 대표적인 사례로는 항공기의 비행 소음, 공사장에서 나는 소리, 자동차나 기차의 운행으로 생기는 소음 등 다양합니다. 도롯가에 방음벽을 세우거나 공사장의 작업

시간 등을 제한하는 등 다양한 정책을 활용하고 있지만 쉽게 해결되지 않고 있습니다.

2011년 WHO는 소음이 심혈관 질환을 유발한다고 발표했으며, 2020년 유럽 환경청(European Environment Agency, EEA)에서는 소음으로 인해 1만 2천 명이 일찍 사망하거나 연간 4만 8천 명의 사람들이 심장 질환으로 고통 받으며, 650만 명이 만성적인 수면 장애를 앓고 있다고 보고하였습니다.

끝으로 악취 공해는 피하고 싶은 나쁜 냄새를 계속해서 맡아야하는 후각 공해입니다. 음식물 쓰레기, 농경지 퇴비, 정화조, 하수관 등에서 나는 냄새가 잘 처리되지 않을 경우, 매우 불쾌한 경험을 할 수밖에 없습니다.

이런 냄새를 맡으면 어떻게 될까요? 우선 식욕이 떨어지겠지요. 스트레스를 받아서 잠을 제대로 자기 어려울 수도 있습니다. 극심한 냄새로 인해 두통이 생기거나 사람에 따라서는 구역질을하는 경우도 있지요.

악취 공해, 소음 공해, 빛 공해는 모두 우리 주변에서 쉽게 경험할 수 있습니다. 우리 삶의 질을 떨어뜨리는 공해를 줄이기 위해서 국내외에서 다양한 정책이 시도되고 있지요.

프랑스에서는 실시간 소음 단속을 2019년에 법률화했습니다. 곳곳에 소음 탐지기를 설치해 소음을 줄이기 위해 노력하고 있지요. 교통 소음을 줄이려고 시내 주행 속도 제한을 시속 50킬로미터에서 30킬로미터로 낮추고 오토바이도 주차료를 내도록 하고 있습니다.

빛 공해와 관련해서는 여러 나라에서 관련 법을 만들어 빛 공해를 줄이는 데 앞장서고 있습니다. 프랑스에서는 실외 조명법이 제정되어 새벽에는 상점과 사무 지구의 네온사인을 끄는 정책을 추진하고 있습니다. 일본에서는 1998년 '빛 공해 대책 가이드라인'을 만들어 시행하고 있습니다.

또한 악취를 줄이기 위해서도 각국에서 다양하게 노력하고 있습니다. 악취 배출 사업장을 모니터링하거나, 일본의 경우에는 악취 방지법 제정 등을 통해 악취를 줄이는 노력을 기울이고 있지요.

감각 공해의 위험성을 바로 알아야 다양한 정책을 도입해 지속 가능한 공동체와 도시를 만들 수 있을 것입니다. 정책은 사람들의 생각이 하나로 모였을 때 그 힘을 발휘하지요. 인류가 지금까지 경험해 보지 못한 새로운 공해인 감각 공해로부터 삶의 질을 높이기 위해서는 우리가 함께 노력하고 서로 배려하는 마음이 필요합니다.

축제가 환경에 나쁜 영향을 끼친다고?
지속 가능한 축제

'지속 가능한 축제', '지속 가능한 관광'이라는 말이 있습니다. 무엇을 의미하는 말일까요? 예전에는 축제나 관광을 그저 한두 번으로 끝나는 일회성 개념으로 생각했습니다. 당장 경제적 이익이 얼마나 되는지를 따지는 것이 중요했지요.

하지만 최근 흐름은 다릅니다. 경제성도 갖춰야 하고, 생태적으로도 피해가 없어야 하며, 그 지역 주민의 문화와 삶을 풍요롭게 지켜 나가는 것이 더 중요한 개념으로 자리 잡고 있습니다.

얼마 전 서울에서 열린 콘서트에 가 본 적이 있어요. 서너 시간 동안 진행된 콘서트가 끝나자 일회용 방석이나 우비, 우산, 비닐

봉지, 페트병, 팸플릿, 기념품 등 수천 명의 관객과 주최 측이 버리고 간 폐기물이 산처럼 쌓여 있었어요. 이처럼 큰 행사는 정말 엄청난 양의 에너지를 소비하고 수많은 폐기물을 만들어 내지요.

세계적으로 유명한 스페인의 한 축제는 축제를 열기 전에 이를 반대하는 사람들이 시위를 한다고 해요. 축제 중에 소들이 죽는 경우가 많고, 심지어 사람들이 다치기도 하기 때문입니다.

유명한 축제가 열릴 때면 전 세계에서 사람들이 그 도시를 방문하는데 그 과정에서 의도하지는 않았어도 환경이 파괴되고 그 지역의 문화와 주민들의 삶에 좋지 않은 영향을 주곤 합니다.

그러다 보니 오히려 축제를 하지 않는 것이 지구 환경에 도움이 된다고 생각하기도 하지요. 그러나 우리 모두에게는 즐겁고 행복하게 살 권리가 있기 때문에 지구를 위해서 모든 축제와 관광을 금지하는 것만이 해결책은 아닐 거예요.

친환경적인 축제에 대한 아이디어는 환경에 미치는 영향을 최소화하기 위한 노력일 거예요. 아직 만족할 만한 수준은 아니지만 인상적인 결과도 많이 있습니다. 축제가 끝나고 나면 참여객들이 함께 바닷가를 청소하며 쓰레기를 줍는 일, 즉 '플로깅(plogging)'을 하는 모습을 볼 수 있습니다. 더욱 고무적인 것은 최근 축제나 관광 산업에서 혹은 정책적으로 상품성보다 친환경성에 좀더 가치를 두려는 움직임이 증가했다는 것이죠.

여기에 지속 가능한 축제를 위한 다양한 아이디어가 있습니다. 축제 기간뿐 아니라, 도시를 방문하고 관람하는 관광 산업에도 이러한 것들을 적용해 보면 어떨까요?

영국은 갖가지 축제로 유명한 나라예요. 그중 노샘프턴셔에서 열리는 샴발라 축제는 지속 가능한 축제로 손꼽힙니다. 지난 5년 동안 탄소 배출량을 81퍼센트나 줄였고, 이러한 노력을 인정받아 세계 최초로 별 5개의 '크리에이티브 그린' 인증을 받은 유일한 축제라고 합니다. 과연 축제를 어떻게 운영하는 걸까요?

우선 축제 운영에 필요한 에너지로 화석 연료를 사용하지 않고 100퍼센트 재생 가능 에너지원만을 사용한다고 합니다. 또한 2016년부터는 식재료로 육류와 생선의 사용을 금지했습니다. 축제에 참석하는 사람이 채식을 하도록 유도한 것입니다.

축제에서는 플라스틱 물병을 구매할 수 없기 때문에 텀블러나 다회용 물병을 가지고 다녀야 합니다. 이로써 플라스틱 쓰레기를 줄였지요.

그렇다면 현장에서 구매한 음식은 어디에 담겨 제공될까요? 퇴비로 만들 수 있는 판지와 나무 용기를 사용하지요. 이렇게 하면 쓰레기 소각으로 인한 대기 오염을 줄일 수 있습니다.

2018년에는 축제 참가자들이 좋아하는 액세서리 중 하나인 글

리터 대신 친환경 액세서리를 사용하게 했습니다. 글리터에는 PET로 불리는 폴리에틸렌 테레프탈레이트가 사용되는데, 이는 페트병에 쓰이는 소재이지요. 체내에 들어가면 배출되지 않고 쌓이기 때문에 인체나 환경에 해를 끼치는 경우가 많습니다.

샴발라 축제는 폐기물을 최소화하기 위해 열심히 노력하고 있습니다. 티켓에는 20유로(약 3만 원)의 재활용 보증금이 부과되는데(2024년 기준), 행사가 끝난 후 곳곳에 있는 재활용 교환소로 재활용품을 가져오는 사람들에게 전액 환불됩니다.

이러한 제도는 매우 효과가 있어서 2017년에는 축제에서 발생한 폐기물의 91퍼센트가 재활용되거나 퇴비화되었다고 합니다. 물론 좀 번거로울 수 있지만 폐기물을 확 줄이는 데 아주 좋은 시스템이라고 할 수 있습니다.

영국은 음악 산업에서 매년 8조 2천억 원 이상의 경제적 가치와 많은 일자리를 창출하고 있습니다. 그렇기 때문에 음악 산업에서의 탄소 배출량을 줄이기 위한 정부의 관심이 무엇보다 절실한 상황입니다.

탄소 배출을 줄이는 획기적인 아이디어들을 활용해, 우리나라에서도 정부의 계획과 정책이 더 적극적으로 변화하기를 희망합니다.

기후 때문에 우울해진다고?
기후 우울증

혹시 여러분 주변에 우울해 하는 친구가 있나요? 그런 친구에게 물어보면 이유는 참으로 다양합니다. 시험 성적이 좋지 않아서, 친구와 크게 다투어서, 어젯밤 부모님께 혼나서, 좋아하는 친구가 있는데 자신에게 관심이 없는 것 같아서 등등 말이지요.

최근에는 새로운 우울증이 주목받고 있습니다. 앞서 이야기한 이유들과는 달리, 세계적인 차원에서 논의되고 있는 우울증이라고 하니 도대체 어떤 이유 때문인 걸까요?

여러분도 '기후 위기'라는 말을 많이 들어 봤을 거예요. 그런데 보통 기후 위기라고 하면 지구의 자연환경에 끼치는 심각한 영향을 말하는데, 요즘은 기후 위기가 우리 인간의 감정에도 심각한 영향을 주고 있습니다.

혹시 기후 때문에 우울한 느낌을 가져본 적 있나요? '기후 우울증'이라는 말이 있어요. 기후 위기가 나와 가족·친구뿐만 아니라 국가나 인류에도 위기를 가져올 것이라는 생각 때문에 우울감이나 불안감을 느끼는 것을 말하지요.

기후 위기가 다가오는 것을 잘 알지만 혼자서는 막을 수 없다는 데서 느끼는 상실감과 분노 등의 부정적 감정을 겪는 것이지요. 이러한 기후 우울증을 '기후 불안증' 혹은 '환경적 비애', '기후 슬픔', '생태 슬픔' 등으로 표현하기도 합니다.

2022년 6월 3일 세계 보건 기구(WHO)가 "기후 변화는 정신 건강에 심각한 위협이 되고 있다"라고 선언한 뒤 "이상 기후들을 보면서 사람들은 두려움, 절망, 무력감 같은 감정을 강렬하게 경험한다."라고 하면서부터 기후 우울증은 세계적인 관심사로 떠올랐습니다.

이보다 앞서 2017년에는 미국 심리학회에서 환경 파괴에 대한 만성적인 두려움을 느끼는 상태를 '기후 불안증'으로 정의했지요.

이러한 기후 우울증은 중장년층보다는 젊은 세대가 더 높은 비율로 민감하게 느끼는 것으로 나타났습니다. 영국의 한 여론 조사 기관에서 기후 위기와 관련해 정신 건강 조사를 실시했는데,

응답자 중 59퍼센트가 기후 위기가 정신 건강에 나쁜 영향을 끼친다고 응답했어요.

세대별 응답을 살펴보면, 24~39세에 해당하는 응답자 중 71퍼센트가 기후 위기가 정신 건강에 나쁜 영향을 끼친다고 말했습니다. 특히 18~23세 중에서는 78퍼센트가 기후 위기 때문에 아이를 갖지 않겠다고 답했지요.

이러한 사회적 인식은 영국의 사회 운동가인 블라이스 페피노가 이끄는 단체에서 '출산 파업(Birth Strike)' 운동을 벌이는 것과도 맥락을 같이합니다. 세계 지도자들이 기후 위기를 막기 위한 대책을 내놓지 않으면 아이를 낳지 않겠다는 운동입니다.

기후 위기는 세대 간의 불평등 문제이기도 합니다. 나이가 어릴수록 이상 기후에 노출될 확률이 훨씬 높지요. 어떻게 보면 앞으로 날이 갈수록 이상 기후가 극심해질 일만 남았다고 생각할 수도 있습니다. 그만큼 미래 세대들이 점점 더 우울해질 일이 많을 수 있습니다. 대기 중에 있는 이산화 탄소가 하루아침에 사라지는 것은 아니니까요.

코로나19가 전 세계를 덮치면서 사회적 거리 두기 때문에 사람들을 만나는 것에 인색했던 시기가 있었지요. 처음에는 한두 달이면 끝날 것이라고 생각했는데, 연일 감염자 수가 급증하고 사망자 수 또한 늘어나면서 인류에게 큰 위기로 다가왔습니다.

한 해를 보내고 또 한 해가 넘어 가면서 사람들은 코로나19에 감염되었을 때 나타나는 기침이나 고열보다는 우울한 증세에 빠져들었습니다. 이를 '코로나 블루'라고 불렀지요.

다행히 이제는 치료제도 있고 백신도 개발되어 사회적 거리 두기나 마스크 쓰기 의무화가 사라지면서 어느 정도 극복되었다고 할 수 있습니다.

그러나 기후 위기는 심각성을 깨닫는 순간, 극복 의지보다 극복하지 못할 것이라는 절망감을 갖게 하지요.

기후 위기로 인해 아동과 청소년이 갖는 우울증에 대해 조금 더 생각해 봅시다.

예를 들면, 기후 위기로 인해서 매년 단풍 시기가 늦어진다고 합니다. 2009년부터 산림청에서 발표하는 식물 계절 현상 관측 자료를 분석해 보면, 당단풍나무가 단풍이 드는 시기는 매년 약 0.33일씩 늦어지는 경향을 보이고 있습니다. 7~9월 평균 기온 상승이 원인이라고 합니다.

또한 기후 변화로 단풍이 예쁘게 물들지 않는다고 하지요. 단풍은 기온이 낮아져서 잎의 활동이 멈추면, 엽록소가 분해되면서 숨어 있던 색소가 드러나는 현상으로, 하루 최저 기온이 섭씨 5

도 이하일 때 시작됩니다.

붉은빛을 띠는 색소인 안토사이아닌은 밤낮의 기온차가 클수록 더 많이 만들어집니다. 따라서 밤낮의 기온 차가 크면 단풍이 더 울긋불긋 아름다워지지요.

그러나 기후 변화로 일교차가 예전보다 줄어들어서 단풍이 예전만 같지 못하다고 하는 것입니다. 이러한 계절적 변화가 기후 우울증의 단면을 보여 줍니다.

벚꽃의 개화, 어종 및 수종의 변화 등 우리가 살고 있는 지역의 생태계는 기온과 같은 기후의 영향을 받습니다. 예전과 같지 않은 삶에 대한 우울감 등이 우리의 삶에 매우 밀접하면서도 지속적으로 영향을 끼치고 있습니다.

스웨덴의 환경 운동가인 그레타 툰베리도 10대 때 극심한 우울증을 앓았다고 합니다. 툰베리의 기후 연설에서 느껴지는 간절함과 분노는 기후 우울증의 심각성을 보여 주고 있는 듯합니다.

젊은 세대가 더 많이 느낀다는 기후 우울증을 어떻게 해결해야 할까요? 기후 변화를 위한 노력도 필요하지만, 심리적인 문제라는 점에서 연대를 통한 정서적 안정을 이룰 필요가 있습니다.

기후 우울증은 혼자서는 이루어 낼 수 없는 상황 때문에 어려움을 겪는 것이지요. 기후 변화 문제에 대해 공감대를 넓히고 공

동체가 함께 연대한다는 공존의 인식을 높인다면, 기후 우울증도
조금씩 나아지리라 예상합니다.

도시가

변하며

패스트푸드점과 대형 마트가 없다고?
이탈리아 오르비에토

우리나라에 온 외국인이 가장 먼저 배우는 말 중 하나가 "빨리 빨리"라고 하지요. 생각해 보면, 우리는 정말 이 말처럼 살고 있는 것 같습니다. 밥을 먹을 때도, 옷을 입을 때도, 아침에 일어나거나 밤에 잠을 잘 때도요.

그런데 이와는 반대되는 운동이 있습니다. 바로 슬로푸드 운동이지요. 바쁜 현대 생활에서 '느릿느릿'을 강조하는 이 운동은 무엇일까요?

슬로푸드 운동은 이탈리아 북부 지역에 있는 피에몬테주 브라

마을에서 탄생했습니다. 1986년에 미국의 패스트푸드 햄버거 체인점이 이탈리아의 수도 로마의 중심부에 있는 '스페인 광장' 부근에서 문을 열자, 전통 음식을 보존하고 식사의 즐거움과 다양한 맛을 향유할 수 있는 기쁨의 가치를 강조하겠다는 취지에 공감한 사람들이 이 운동을 시작했지요. 그리고 얼마 지나지 않아 세계적인 운동으로 발전했습니다.

'슬로푸드(slow food)'는 '패스트푸드(fast food)'에 반대되는 개념이자, 슬로푸드를 지향하는 사회 운동 자체를 일컫습니다. 슬로푸드 운동은 각 지역의 전통적인 식생활 문화나 식재료를 다시 한 번 생각해 보자고 제안합니다. 자연의 흐름을 따라 자라난 식재료에 천연 조미료를 사용해 정성 들여 만든 음식을 먹으며 건강하고 행복한 삶에 대해 돌아보자는 것이지요.

슬로푸드 운동의 이념은 "사람은 기뻐할 권리가 있다."라고 합니다. 현재 180여 개국에서 10만 명이 넘는 회원이 활동하고 있으며, 우리나라를 비롯해 이탈리아, 독일, 스위스 등에 본부를 두고 있습니다.

슬로푸드 운동에는 다음과 같은 세 가지 원칙이 있습니다.

좋음(Good) 맛있고 풍미 있으며, 신선하고 감각을 자극하며 만족을 주는 음식.

깨끗함(Clean) 지구의 자원을 축내지 않고, 생태계와 환경을
해치지 않으며, 인간의 건강을 위협하지 않도록 생산된 음식.

공정함(Fair) 사회적 정의를 지키는 음식. 생산, 상품화, 소비의
모든 단계에서 공정한 임금과 조건에 맞춘 음식.

음식이 주는 즐거움을 이해하고 감사하는 법을 배우도록 감각을
훈련하면, 세계를 바라보는 눈 또한 열리게 됩니다.

(출처: 슬로푸드 홈페이지)

슬로푸드 운동은 식품 산업에서 발생하는 환경과 생태계 파괴
문제에 대한 인식을 높이고, 지속 가능한 농업과 양식 방식을 촉
진하며, 소비자들이 느린 식생활을 유지하도록 권장합니다. 이를
통해 지속 가능한 식생활 문화를 확산하고, 지구적으로 식문화
다양성을 보존하고자 합니다.

또한, 슬로푸드 운동은 점차 '슬로시티 운동'으로 확대되고 있
습니다. 슬로시티 운동은 자연의 가치를 중심에 두면서 문화의
고유성을 지키며 느림의 삶을 추구하는 국제 운동입니다.

슬로시티 운동은 '느리게 살자'를 제안합니다. '빨리', '많이',

'최고의'에서 벗어나 자연환경과 인간이 서로 조화를 이루며, 여유 있고 즐겁게 살자는 의미로, 느림이 주는 여유로움과 아름다움으로 삶의 가치를 되돌아보자는 운동입니다.

느리게 살아야 비로소 자연의 변화가 보이고, 생명의 소중함이 느껴지며, 이웃에 대한 배려나 지구를 위한 협력 등이 가능할 수 있을 것이기 때문입니다.

슬로시티 운동을 처음으로 시작한 곳은 이탈리아 움브리아주에 있는 오르비에토입니다. 오르비에토는 중세 시대 유적지와 아름다운 전망으로 유명해 많은 사람들이 찾는 곳이지요. 전체 주민은 2만여 명밖에 되지 않지만 이곳을 방문하는 관광객은 1년에 200만 명이나 된다고 합니다.

오르비에토에는 유명한 햄버거 패스트푸드점도 없고, 즉석식품을 팔 수 있는 가게도 없습니다. 소상공인을 보호하기 위해 대형 마트도 들어오지 못합니다. 대형 마트에서는 즉석요리 제품을 팔 수 있기 때문에 도시민을 보호하기 위해 이러한 정책이 만들어진 것입니다.

그 대신에 크고 작은 식당에서는 지역에서 생산되는 유기농 채소로 만든 자연식품을 판매하고 있습니다. 이를 통해 지속 가능한 식생활 문화를 지키며 음식이 삶의 즐거움이 될 수 있도록 노력하고 있습니다. 또한 대기 오염과 소음 공해를 줄이기 위해 마을 광장에서는 차량 운행을 제한하고, 대중교통과 자전거 등 환경친화적인 교통수단을 활성화했습니다.

오르비에토는 도시 내에서 미술, 문화, 역사 등을 보존하고, 다양한 예술과 문화 활동을 지원하고 있습니다. 이를 통해 도시의 역사와 문화유산을 보존하면서 도시 발전을 추구하고, 주민들의 삶의 질을 높이기 위해 노력하며, 슬로시티 네트워크에서도 중요한 역할을 수행하고 있습니다.

현재 슬로시티에 가입하려면 여러 조건을 갖추어야 합니다. 인구는 5만 명 이하이고, 적극적인 환경 정책을 실시해야 하며, 유기농 식품의 생산과 소비, 전통 음식과 문화 보존 등에 노력해야하지요. 차량 통행 제한 및 자전거 이용, 경적 등 소음 줄이기, 나무 심기, 패스트푸드 추방, 문화유산 지키기, 신재생에너지 사용 등의 자격 조건도 충족해야 합니다.

우리나라에도 이러한 조건을 충족하는 마을이 있습니다. 아시아 최초로 슬로시티로 지정된 전라남도 4개 지역(담양군 창평면 삼지천 마을, 장흥군 유치면, 완도군 청산도, 신안군 증도)을 포함하여 경상남도 하동군 악양면(차 재배지로서는 세계 최초), 충청남도 예산군 대흥면, 전라북도 전주시 한옥마을, 경기도 남양주시 조안면, 경상북도 청송군 부동·파천면, 상주시 함창·이안·공검면, 강원도 영월군 김삿갓면, 충청북도 제천시 수산면 등 12곳이 지정되어 있습니다.

쓰레기, 탄소 제로 도시가 가능하다고?
아랍 에미리트 마스다르 시티

'아랍 에미리트'라는 나라 이름을 들으면 무엇이 떠오르나요? 아마도 중동의 국가라는 것, 특히 석유가 가장 먼저 생각날 겁니다. 아랍 에미리트는 석유와 가스 매장량이 세계 6위인 대표적인 부자 나라이지요. 또 다른 기록도 있습니다. 1인당 이산화 탄소 배출량이 석유 수출국 중 전 세계 2위로, 탄소 배출이 많은 국가 중 하나라는 점입니다.

그런 아랍 에미리트가 기후 위기에 대처하는 획기적인 기획을 발표했습니다. 세계 최초의 탄소 제로 도시인 마스다르 시티 건설을 발표한 것이에요. 마스다르 시티는 2008년부터 건설이 진행되어 2030년 완공을 목표로 하고 있습니다.

탄소 제로 도시란 도시 내에서 탄소 배출량을 최대한 줄이고, 배출된 탄소는 다시 흡수하거나 탄소 배출권 구매 등을 통해 결과적으로 탄소 배출이 0이 되도록 만들어지고 운영되는 도시를 말합니다.

1,500개의 친환경 기업을 수용하며 쓰레기를 최대한 줄이고 도심에서 자동차 운행을 최소화하면서 신재생 에너지에서 얻은 에너지를 활용하여 화석 연료를 대체하는 에너지원을 만드는 것을 목표로 합니다. 마스다르 시티는 도시 전체가 탄소 제로를 위한 실험 도시인 거지요.

이러한 목표를 달성하기 위해 마스다르 시티는 스마트 시티의 모습도 갖출 계획입니다. 도시 전체가 지식 산업 및 기술 개발을 촉진할 목적으로 설립되었고, 높은 수준의 교육, 연구 및 개발 인프라를 제공합니다. 수많은 과학 연구소, 대학교, 기업 연구 시설 등을 갖추어 혁신적인 아이디어를 실현할 수 있도록 다양하게 지원할 것을 계획하고 있지요.

마스다르 시티 안에서는 내연 기관 자동차의 출입이 금지되어 있습니다. 도시로 들어가기 위해서는 도시 외곽 지역의 주차장에 차를 세워 두고 자전거나 도보를 이용하거나 개인 궤도 자동차(Personal Rapid

Transit, PRT)라고 하는 6인승 자율 주행차를 이용해야 합니다.

PRT는 목적지를 입력하면 그곳에 승객을 내려주는 차량인데, 전력 장치를 이용하여 선로에서 바로 충전할 수 있습니다. 특히 PRT는 누구나 어떤 위치에서든 도보로 150미터 내에 있어 바로 이용이 가능합니다. 결국 도시에서의 화석 연료 자동차의 이용을 획기적으로 없애는 데 중요한 역할을 합니다.

또한 건물의 구조와 배치 역시 친환경적인 과학을 도입했습니다. 마스다르 시티 안에서는 건물과 건물 사이의 간격을 좁혀 바람이 빨리 빠지게 했고, 건물 1층은 바람의 통로와 도시 내 교통수단 이용 공간으로 사용하게 했습니다. 바람 길을 확보하면 도시의 온도를 낮추어 에너지 절감 효과를 얻을 수 있다고 하지요.

또 도시로 들어오는 통로를 부채꼴 모양으로 모이게 하였고, 도시 중앙에 높이 서 있는 윈드 타워에 더운 바람을 가두었다가 물을 뿌려서 공기를 차갑게 한 뒤에 도시 하부로 다시 보내서 시원한 바람이 꾸준히 들어오게 설계했습니다.

마스다르 시티는 폐기물 제로도 선언했습니다. 어떻게 사람이 살면서 폐기물을 하나도 버리지 않을 수 있을까요?

마스다르 시티는 재활용이 가능한 것들은 다시 씀으로써 폐기물을 50퍼센트 줄이고, 비료나 퇴비로 쓸 수 있는 폐기물을 사용해 17퍼센트를 줄이며, 재활용할 수 없는 나머지 폐기물 33퍼센트는 연소하여 열에너지로 회수함으로써 결국 도시의 모든 폐기물을 없앨 계획입니다. 미래의 폐기물 제로 시티를 실험하고 있는 것일 수 있지요.

쓰레기가 앞으로도 도시에 많은 문제를 일으킬 것으로 예상되므로, 이러한 도전은 현재 꼭 필요한 시도라고 생각합니다.

마스다르 시티에 있는 건물 외벽은 무엇으로 만들어졌을까요? 외벽 건설에는 아랍 전통 건축 양식을 존중하면서도 친환경 기술을 도입했습니다. 건축 재료로 저탄소 시멘트, 재활용 알루미늄, 열을 차단할 수 있는 황토 등을 사용해, 단열을 통해 에너지 사용을 줄였지요.

마스다르 시티는 무탄소 도시의 개념을 적극적으로 적용하여 설계되었습니다. 지속 가능한 발전을 추구하고, 탄소 배출을 줄이는 데 중점을 두고 있지요. 도시에서 필요한 에너지 중 82퍼센트는 태양 에너지에서 얻고, 17퍼센트는 쓰레기에서 얻은 재생 에너지에서 얻으며, 나머지 1퍼센트는 풍력 에너지에서 충당한다고 합니다.

탄소 제로의 삶이나, 버려지는 쓰레기가 없는 도시가 정말 가능할까요? 마스다르 시티는 원래 2025년 완공을 목표로 했지만,

여러 장벽에 부딪혀 5년 정도 건설 기간이 늘어났습니다. 하지만 탄소 제로인 무탄소 도시를 위한 희망적인 실험은 계속되고 있습니다.

더욱더 중요한 것은 마스다르 시티에는 무탄소 도시의 개념이 적극적으로 적용되어 있으면서도, 도시의 편의성과 기능성도 중요하게 다루어졌다는 것입니다.

우리는 지속 가능성이나 환경 문제에 대해 교육할 때, 불편한 것을 참으라고 사람들에게 말하는 경우가 종종 있습니다. 그러나 지속 가능한 발전은 무조건 참으며 소비하지 않아야 하는 것이 아닙니다. 이러한 발전은 환경을 지키며 삶의 질도 유지하는 데서 더 큰 의미가 있기 때문이지요.

대중교통 시스템에 이렇게까지 한다고?
브라질 쿠리치바

'삼바와 축구의 나라'로 유명한 브라질에는 환경 분야에서 아주 특별한 도시가 있습니다. 유엔 환경 계획(United Nations Environment Programme, UNEP)의 '우수 환경과 재생상'을 수상했고, 시사주간지 《타임》이 '지구에서 환경적으로 가장 올바르게 사는 도시'라고 찬사한 도시 '쿠리치바'입니다.

쿠리치바는 브라질 남부에 있으며, 약 190만 명(2017년 기준)이 모여 사는 거대 도시입니다. 1960년대만 해도 매우 가난한 데다 환경 오염이 심했는데, 특히 대기 오염은 심각한 수준이었습니다. 하지만 1971년 자이메 레르네르 시장이 생태 도시 계획을 추진하면서 그 모습이 점차 바뀌어 이제는 숲속에 묻힌 도시가 되었습니다.

쿠리치바의 녹지 비율은 약 40퍼센트이고, 1인당 녹지 비율은 1971년 고작 1인당 0.5제곱미터였는데 현재는 약 52제곱미터에 달합니다(2021년 기준). 이는 브라질 도시 중에서도 가장 높은 비율에 속합니다.

쿠리치바가 주목받는 이유는 여러 가지가 있는데, 그중 유명한 것은 세계에서 가장 우수한 교통 체계입니다. 도로가 삼중으로 구성되어, 중앙 도로에는 급행 버스를 위한 버스 전용 차로가 있고 양쪽으로 자동차 도로와 일방통행 도로가 있습니다.

쿠리치바에는 지하철이 없는 대신, 더 저렴한 비용의 버스가 있습니다. 다양한 버스 노선의 개발과 원활한 환승제, 짧은 배차 시간 등으로 효율을 높여 '땅 위의 지하철'이라는 별명을 얻었다고 하지요.

전용 차로를 이용하는 버스 중에서 '바이오 버스'라고 불리는 대형 버스는 일반 버스보다 크고 깁니다. 50미터 이상 길어서 최대 250명 이상의 승객을 운송할 수 있으며, 승하차를 할 수 있는 문이 5개여서 이용에 도움을 줍니다. 버스 전용 차로에서만 운영

되어서 교통 체증 없이 이용할 수 있습니다.

또한 계단이 없고 승강장과 버스 바닥의 높이에 차이가 없어 오르내리기 쉽습니다. 특히 발판이 나와서 승강장에서 버스로 이동하는 데 불편함이 없지요. 버스의 공회전을 금지해 대기 오염 물질과 이산화 탄소 배출량을 줄이는 데 도움이 되었다고 합니다.

쿠리치바에는 버스 노선이 세분화해 있습니다. 리냐 라피다('빠른 노선'이라는 뜻)라는 고속버스 노선은 지정된 정류장에서만 승객을 태우며, 고속도로와 버스 전용 차로로만 이동하기 때문에 보다 빠르게 운행됩니다.

인터타운은 시외 지역까지 운행되며, 버스이지만 중앙에 가로로 긴 좌석을 갖춘 차량입니다. 튜브는 지하철과 유사한 지하 버스로서 도시와 인근 지역을 연결하며, 지하에 설치된 튜브 내에서 운행됩니다. 지상 버스와 달리 교통 체증으로부터 훨씬 자유로워 빠른 대중교통 서비스를 제공합니다.

또한 도시 중심부에는 트램이 운행되어 도시 곳곳으로 연결됩니다. 전통적인 유럽식 트램 모양으로 차량이 제작되어 트램에서는 아름다운 도시의 경치를 감상할 수 있습니다. 대기 오염 물질을 배출하지 않아 친환경 교통 시스템 중 하나로 꼽히지요.

이러한 효율적인 대중교통 시스템은 서울시와 세종시에서도 벤

치마킹했는데, 그 예로 간선 급행 버스 체계(Bus Rapid Transit, BRT)를 들 수 있습니다.

쿠리치바에는 보행자를 위한 공간이 넓게 조성되어 있습니다. 보벰브로 거리 등에는 보행자만을 위한 길도 마련되어 있습니다. 자동차 도로였던 곳에서 아스팔트를 뜯어내고 조약돌을 깔았고, 과속 방지턱을 설치해 주변의 주차 지역까지 모두 없앴지요. 사람이 중심이 되는 거리로서 꽃을 가꾸고 공원처럼 만들어 이용하고 있습니다.

또한 쿠리치바에는 녹색 교환 시스템으로 유명한 토큰 제도가 있습니다. 재활용 쓰레기를 가져가면 채소나 과일로 교환할 수 있는 티켓을 주는 제도이지요. 브라질의 대도시에서는 쓰레기 수거 차량이 접근하기 어려워 쓰레기가 쌓이는 경우가 많은데, 녹색 교환 제도를 통해 지역이 깨끗해졌습니다. 게다가 서민들에게 먹거리를 제공하는 경제적 이점이 더해져 쿠리치바를 생태 도시로 자리 잡게 하는 데 크게 기여했습니다.

쓰레기를 제대로 버리는 일이 쉽지만은 않습니다. 우리나라에서도 우유갑을 씻어서 말린 후 주민 센터 등에 가져다주면 롤 화장지로 바꿔 주는 정책을 시행하고 있습니다. 지자체마다 조금씩

다르긴 한데, 1리터짜리 우유갑 35개를 씻어 말리면 약 1킬로그램이 되어 1개의 롤 화장지를 받을 수 있다고 합니다.

우유갑을 만드는 천연 펄프는 최고급 펄프로 만들기 때문에 우유갑을 따로 모아서 재활용하면 그만큼 가치가 높아지는 것이지요.

환경 문제를 해결하는 것은 결코 쉬운 일이 아닙니다. 개인이 할 수 있는 일 중에서 항상 손꼽히는 것이 바로 대중교통 이용일 것입니다.

하지만 버스가 자주 오지 않아 더운 여름날이나 추운 겨울날 야외에서 30분 이상 기다려야 한다면, 누가 대중교통을 이용하려고 할까요? 교통 체증이 심해서 늘 지각할 수밖에 없다면 대중교통을 이용하라고 할 수 있을까요? 대중교통 이용이 중요하다면, 먼저 정책과 시스템이 잘 만들어져야 할 것입니다.

마찬가지로 쓰레기를 바르게 처리하거나 재활용을 잘해야 하는 건 모든 시민들의 몫이지만, 이를 효율적으로 뒷받침하는 좋은 정책이 반드시 제 기능을 발휘해야 한다는 점도 잊지 말아야겠습니다.

산타의 나라에서 생태 마을을 만들었다고?
핀란드 에코비키

핀란드라는 나라를 떠올리면 무엇이 생각나나요? '산타의 나라'나 하얗게 눈이 내리는 풍경이 떠오를 수도 있겠지요.

저는 핀란드 하면 '에코비키'가 떠오릅니다. '에코'라는 말에서 알 수 있듯이 에코비키는 지속 가능한 생태 마을로 유명합니다.

에코비키는 핀란드의 수도 헬싱키에서 약 7킬로미터 떨어져 있으며, 1만 7천여 명이 거주하는 실험적인 마을입니다. 핀란드 정부가 1999년부터 2004년 사이에 생태 과학과 생태 기술 등을 활성화하기 위해 계획하고 조성한 주거 복합 단지입니다.

이곳을 방문하기 전에는 일정한 모양의 사각형 집과 도로 등을 떠올렸지만, 마을에 들어섰을 때의 느낌은 있는 그대로의 자연을 많이 존중한 곳이라고 생각했습니다. 나무와 풀이 제각각 자라고 있어서 집을 지을 때 주변 환경을 훼손하지 않고 가능한 한 그대로 두려고 한 듯 보였습니다.

에코비키에 집을 지으려면 매우 까다로운 기준을 통과해야 한다고 하지요. 이산화 탄소 배출량이나 쓰레기 양, 텃밭에서 식물을 경작하는지 아닌지, 채광이나 습도 등에 어떠한 영향을 미칠지에 대한 평가를 받아야 한다고 합니다.

이렇게 할 수 있는 건 에코비키의 집이 대부분 임대 주택이기 때문입니다. 소유 개념이 아닌, 생활의 토대로 집을 다루기 때문에 자연환경의 일부로 살기 위해 노력하려는 공통의 인식이 반영된 것입니다.

각 주택에는 정원이나 텃밭이 있었고, 마을에는 녹지가 많은 편이었습니다. 주민들이 농산물을 스스로 재배하고 나누어 먹으면서 탄소 배출을 줄이고 있었지요.

마을에서 가장 눈에 띄는 것은 태양광 에너지를 모으는 패널이 곳곳에 있는 것이었습니다. 화석 연료 사용을 줄이고 재생 에너지

사용을 늘려 에너지 사용을 지속 가능하게 하려는 노력이지요.

주택의 대부분이 목재로 만들어졌다는 점도 눈길을 끌었습니다. 시간이 지나 다시 자연으로 돌아가기 쉬운 목재로 집을 지어야 한다고 생각한 것입니다.

또 하나 시선을 끄는 것은 비점오염을 줄이는 저영향 개발°입니다. '강우 유출 오염'이라고 불리는 비점오염(non point-pollution)은 일정한 곳을 오염시키는 점오염(point-pollution)과 달리, 여기저기를 두루 오염시킨다는 뜻을 담고 있습니다. 도시에는 흙이 드러난 부분이 거의 없어서 짧은 시간 동안 비가 많이 내리면 빗물이 땅속으로 스며들지 못하고 지표면에 있는 오염물질을 강이나 바다로 쓸고 가서 수질 오염을 일으킵니다. 저영향 개발은 빗물이 땅속으로 스며들 수 있는 공간을 많이 조성해 이러한 문제를 해결하는 것입니다.

에코비키에는 곳곳에 녹지대가 많았고, 정원이나 텃밭도 있어 흙을 많이 볼 수 있었습니다. 마을 전체를 시멘트로 정비하지 않고 나무나 돌, 흙과 풀 등 자연물들을 그대로 두어 빗물이 땅속으로 스며들게 해 물의 순환을 원활하게 했습니다.

에코비키 마을이 자연 중심의 철학을 유지할 수 있는 이유는 무엇일까요? 그것은 주민들이 오랜 시간 동안 적극적으로 참여하면서 환경 전문가나 정부와 끊임없이 의논했기 때문입니다. 자연을 존중하는 여러 약속들을 자발적으로 실천하고 다 함께 모니터링하면서, 마을을 세계에서 가장 친환경적인 생태 마을로 만들기 위해 노력했지요.

이렇게 여러 사람이 약속을 만들고 지키면서 자연환경의 일부로 살아가는 마을이 있다는 것이 정말 놀랍지 않나요?

---

*저영향 개발(Low Impact Development: LID): 새로운 도시 계획 기법으로, 건전한 물 순환 체계 구축을 목표로 강우 체류 시간을 확보하여 홍수를 예방하고 비점 오염 물질(배출원이 불분명한 오염 물질)의 하천 유입을 줄임으로써 도시화에 따른 생태계 파괴를 최소화하려는 도시 개발 기법.

도시에서 에너지 사용을 줄일 수 있다고?
호주 멜버른시 청사

오스트레일리아는 코알라와 캥거루로 유명한 나라입니다. 지구의 남반구에 위치해 크리스마스를 한여름에 보내는 것으로도 이색적이지요. 우리에게 잘 알려진 도시도 많은데, 수도인 캔버라나 올림픽을 개최한 시드니도 주요 도시 중 하나입니다. 환경 분야에서 아주 유명한 멜버른도 있습니다.

멜버른은 오스트레일리아의 남부에 있는 빅토리아주의 주도로 약 500만 명의 사람들이 살고 있는 도시입니다. 2014년과 2015년에는 '세계에서 가장 살기 좋은 도시'로 선정되기도 했지요.

대중교통이 발달되어 교통수단으로 기차, 트램, 버스 등이 운행되고 있습니다. 또한 자전거를 이용해 도시를 탐험할 수도 있지요. 트램은 2015년 1월 1일부터 도시 일부 지역에 한해 무료로 이용할 수 있어서 자가용 이용을 줄이고 대중교통 이용을 늘리는 데 한몫을 하고 있습니다.

멜버른에는 도심이나 외곽 지역에 녹지대가 펼쳐져 있습니다. 공원도 곳곳에 많고 어느 쪽으로 눈을 돌리든 시원한 녹색을 볼 수 있지요.

이러한 환경 도시 멜버른에서 특히 유명한 건물이 있습니다. 바로 멜버른시 청사인데, 세계에서 에너지를 가장 적게 쓰는 건물 중 하나라고 합니다. 어떻게 가능한지 한번 살펴볼까요?

'CH2(Council House 2)'라고도 불리는 이 건물은 외관부터 참 특이하게 생겼습니다. 언뜻 보면 마치 나무껍질로 만든 커튼처럼 보이는데, 태양의 움직임에 따라 자동으로 움직이면서 태양열을 반사하거나 그늘을 만듭니다.

건물의 다른 쪽 벽면에는 5개의 투명 관이 붙어 있습니다. 이 관에 물이 흐르게 하여 여름에는 햇볕으로 뜨거워진 건물을 식힙니다. 오스트레일리아는 여름에 기온이 40도까지 올라가는데도 이 건물에는 에어컨이 없다고 하지요. 하지만 실내는 하루 종일 24도를 유지한다고 하니, 정말 놀랍습니다.

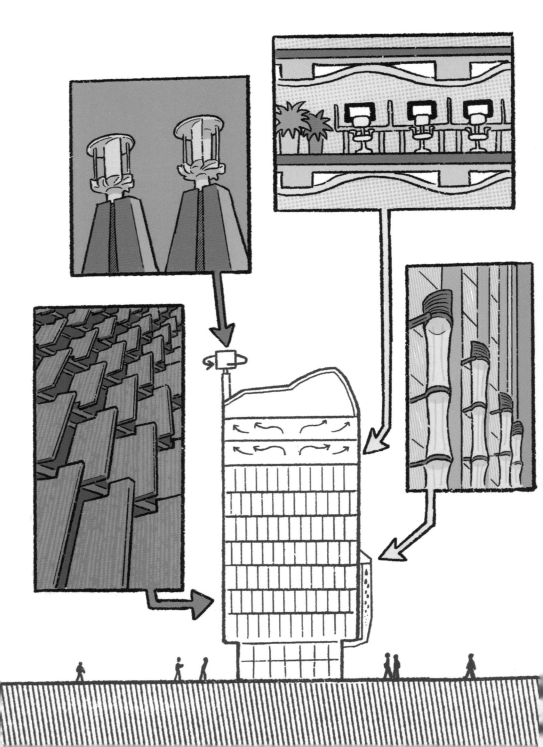

이 건물을 설계한 사람은 세계적인 환경 건축가 믹 피어스입니다. 아프리카의 짐바브웨에 에어컨이 없는 쇼핑센터를 지어 달라는 제안을 받았던 그는, 순간 흰개미 집을 떠올렸다고 하지요. 40도가 넘는 더운 날씨에도 흰개미 집은 내부 기온이 30도 내외를 유지하기 때문입니다.

피어스는 차가운 공기가 외부에서 들어오고 뜨거운 공기가 밖으로 나가는 흰개미 집의 원리를 이용해서 쇼핑센터를 만들었고, 마침내 에너지 소비량을 다른 건물의 10퍼센트대로 줄일 수 있었습니다.

이 원리가 멜버른시 청사에도 적용되었어요. 멜버른 시청 건물 맨 위에는 더운 공기를 밖으로 빼내는 송풍기가 있으며, 건물 안에는 차가운 공기를 순환시키는 장치들이 마련되어 있습니다.

이로써 더운 공기를 건물에서 빼내고 시원한 공기를 건물 안으로 유입하지요. CH2는 다른 건물에 비해 전기는 85퍼센트, 가스는 87퍼센트, 물은 28퍼센트를 절약한다고 합니다.

특히 인상적이었던 것은 건물 안의 수많은 화분과, 블록으로 이루어진 양탄자였습니다. 양탄자가 더러워지거나 구멍이 나면 그 부분만 새것으로 교체할 수 있기 때문에 자원을 절약할 수 있습니다.

지하에는 자전거 주차장과 샤워 시설, 탈의실 등이 있어 자전거로 출퇴근하는 사람들이 편하게 이용할 수 있게 했습니다.

　에너지를 절약하기 위해 노력하는 멜버른시의 관심과 정성이
참 놀랍습니다.

협동조합이 이렇게 많다고?
이탈리아 볼로냐

이탈리아 중북부 지역에 있는 에밀리아로마냐주에는 약 44만 명이 살고 있는 중소 도시 볼로냐가 있습니다. 볼로냐는 세계 최초의 대학교인 볼로냐 대학교로 잘 알려져 있습니다만, 사실 협동조합으로도 유명합니다. 볼로냐 사람 10명 중 7명이 협동조합원이라고 할 정도로 협동조합이 잘 발달되어 있는 곳이지요.

볼로냐 사람들의 임금은 이탈리아 평균 임금의 2배 정도 높고, 실업률은 5퍼센트로 매우 낮은 편입니다. 이런 경제적 안정성은 잘 구축된 협동조합 덕분이라고 합니다.

볼로냐는 '협동조합의 천국'이라고 불릴 정도로 협동조합이 매우 많은데, 무려 400개가 넘습니다. 아침에 일어나 협동조합 택시를 이용해 출근하고, 협동조합 유치원에 아이를 맡기며, 퇴근 후 협동조합 마트에 가서 장을 보고, 협동조합 서점에 갔다가 집으로 돌아올 수 있지요. 그렇다면 협동조합이란 뭘까요?

협동조합은 일정한 목적을 위해 자발적으로 모인 회원들이 서로 협력하여 공동의 이익을 추구하는 조직을 일컫습니다. 회원들 간의 자유로운 의사소통과 논의를 통해 조합의 운영 방식을 결정하지요. 또한 소상공인이나 소규모 생산자나 소비자가 각자의 부족한 부분을 채우며 서로 돕는 경제 조직의 형태입니다.

협동조합의 목적은 회원들의 경제적, 사회적, 문화적 이익을 높이는 것입니다. 예를 들어 생산자 협동조합의 경우에는 생산자가 직접 생산한 농수축산물을 소비자에게 판매함으로써 수익을 높이고, 소비자에게는 안전하고 신선한 제품을 제공합니다.

소비자 협동조합은 회원들의 소비 생활을 보다 경제적이고 건강하게 만들기 위해 공동으로 제품을 구매하거나 판매합니다. 노동자 협동조합은 회원들이 함께 일하고 수익을 분배해 일자리의 안정성과 생산성을 높입니다.

볼로냐에는 다양한 협동조합이 있는데, 그중 코타보 택시 협동조합은 1967년부터 운영되었습니다. 이 협동조합은 공동 콜센터를 운영하고 있으며, 차량 유지 보수와 법률 지원을 담당합니다.

이페르콥이라는 슈퍼마켓은 협동조합 마트로 유명한데, 과일과 채소 같은 식료품과 생활용품 등을 판매합니다. 이곳을 이용하는 사람들 대부분은 협동조합원입니다.

출자금을 내고 조합원이 되면 구매한 금액의 일부를 수익으로 돌려받거나 할인된 가격으로 물건을 살 수 있지요. 일반 대형 마트는 수익이 마트의 주인에게 가지만, 협동조합 마트는 협동조합원에게 수익이 돌아간다는 차이점이 있습니다.

또 주택 협동조합인 무리가 있습니다. 무리는 내 집을 마련하려는 사람들이 모여서 만든 협동조합입니다. 건설 회사에서 만든 주택을 구입하는 것이 아니라 조합원들이 살고 싶은 집을 함께 짓는 것이지요.

조합원들은 함께 땅을 사고 자체 인력으로 주택을 설계하며 시공 및 건설 회사를 직접 고릅니다. 이윤이 남으면 적립해서 다음 조합원들의 주택을 건설하는 데 쓰지요.

볼로냐의 경우에는 지역 주택 공급의 20퍼센트를 무리 주택 협동조합이 했는데, 가격이 합리적이고 품질도 좋기 때문에 부실 공사의 위험이나 비싼 집값에 대한 걱정이 없습니다. 시중의 집들과 비교해 집값은 20퍼센트, 임대료는 60퍼센트 저렴하기 때

문에 집값 안정에도 도움을 주고 있습니다.

보육을 담당하고 있는 카디아이 협동조합은 돌봄 서비스를 운영합니다. 유치원 교사와 간호사 등이 만든 노동자 협동조합인데, 1,300여 명의 직원이 노인과 장애인을 위한 보호 서비스를 하고 있지요.

카디아이에서는 카라박 프로젝트도 진행하고 있습니다. 어린이집 건설에 필요한 비용을 협동조합이 제공하고, 땅과 운영비는 볼로냐시가 지원함으로써 육아와 보육의 부담을 덜고 동시에 질 높은 육아 시설을 마련하고 있지요.

이탈리아에서는 어떻게 협동조합이 발달할 수 있었을까요? 잘 알려진 바와 같이, 중세 시대 이탈리아에는 길드라고 하는 동업자 조합이 있었습니다. 이후 19세기 후반에는 조합 운동이 시작되었습니다. 협동조합은 경쟁이 아닌 협력을 중요시하며 공공의 이익을 목적으로 하기 때문에 지역 사회 발전에 기여할 수 있습니다.

볼로냐의 협동조합은 경제적으로 위기가 찾아왔을 때 이전보다 더 두각을 나타냈습니다. 2006년이나 2013년, 이탈리아에 경제 위기가 있었는데, 그때마다 협동조합이 일자리를 많이 창출해

고용을 안정시켰지요.

볼로냐 외에도 스페인의 바르셀로나나 캐나다 퀘벡주 등에서 협동조합이 활발히 운영되고 있습니다.

자동차가 없는 고속 도로가 있다고?

덴마크 코펜하겐

덴마크의 수도 코펜하겐은 살기 좋은 도시로 유명합니다. 환경에 대한 기준을 높이 세운 결과, 2014년과 2016년에 세계 녹색 경제 지수(Global Green Economy Index, GGEI)에서 뽑은 '최고 녹색 도시'로 선정되었습니다. 또한 덴마크는 2016년에 유엔 산하 자문 기구인 지속 가능 발전 해법 네트워크(Sustainable Development Solutions Network, SDSN)에 의해 '가장 행복한 국가'로 선정되기도 했습니다.

북유럽 교통의 중심지인 코펜하겐은 풍부한 물과 많은 공원으로 전 세계인들이 가 보고 싶어 하는 도시 중 하나입니다. 무엇보다 덴마크에서 가장 많이 눈에 띄는 것은 거리마다 쭉 뻗어 있는 자전거 도로와 그 위를 달리는 자전거일 것입니다.

지금부터 덴마크와 코펜하겐이 자전거에 얼마나 진심인지 한번 살펴볼까요?

코펜하겐은 세계에서 자전거 타기에 가장 좋은 도시 중 하나입니다. 실제로 자전거 수가 거주민 수보다 더 많다고 하지요. 우리나라는 자전거 보급률이 약 30퍼센트인데, 코펜하겐은 도시 거주자의 49퍼센트가 직장과 학교로 매일 자전거를 타고 이동합니다 (2019년 기준).

주민과 통근자를 모두 포함해 코펜하겐의 자전거 이용자들은 매일 총 127만 킬로미터를 자전거로 이동하며, 코펜하겐 시민의 75퍼센트가 1년 내내 자전거를 탄다고 합니다.

코펜하겐 시민들은 왜 자전거를 많이 탈까요? 그 이유는 자전거가 빠르고 저렴한 데다 환경 오염이 적고 건강에도 좋은 친환경적 교통수단이기 때문입니다.

덴마크에서는 카고 바이크를 쉽게 볼 수 있습니다. 카고 바이크는 아이가 있는 집은 대부분 가지고 있는 자전거이지요. 한 대장장이가 침대 프레임을 이용해 짐을 옮길 수 있는 자전거를 만든 것에서 시작되어 지금은 아이의 등하굣길 교통수단으로 활용

되고 있습니다. 카고 바이크에 탄 아이들과 대화하는 부모들의 모습을 길에서 쉽게 볼 수 있는데, 주차 공간이나 교통 체증에 대한 걱정이 없기 때문에 많은 사람들이 애용하고 있습니다.

덴마크의 자전거 도로는 표준 폭이 2.2미터여서 자전거 2대가 나란히 달릴 수 있는데, 코펜하겐은 2.5~2.8미터로 덴마크 평균보다도 더 넓습니다. 도시의 자전거 경로는 광범위하고 이용하기도 편리합니다. 382킬로미터가 넘는 자전거 전용 트랙은 자동차나 보행자가 이용할 수 없으며, 곳곳에 자체 신호 체계를 갖추고 있지요.

또한 2012년에는 자전거 고속 도로를 만들어 자전거를 효과적으로 이용할 수 있는 인프라를 구축했습니다. 코펜하겐을 중심으로 28개 지방 자치 단체에서 자전거 운전자들을 위한 자전거 고속 도로 네트워크를 만든 것이죠.

2021년을 기준으로 코펜하겐 전역에는 총 45개의 자전거 고속 도로 노선이 계획되어 있는데, 총 길이는 746킬로미터에 달합니다. 그 덕분에 많은 호텔에서 손님을 위한 자전거를 제공하고 있으며, 아주 저렴한 비용으로 전기 자전거도 대여합니다. 관광객들은 자전거를 이용해 도시 곳곳을 여행할 수 있지요.

잘 발달된 자전거 인프라는 코펜하겐이 지속 가능한 도시가 될 수 있도록 하는 데 크게 기여하고 있습니다. 지금도 코펜하겐에서는 자전거 인프라를 확충하기 위해 꾸준히 노력하고 있지요. 자전거 노선을 개발하고 곳곳에 다리를 건설해 자전거를 이용하는 사람들이 안전하게 도시를 돌아다닐 수 있는 기반을 마련하고 있습니다.

동시에 녹색 공원을 많이 조성해 도시의 하늘이 맑아질 수 있도록 힘쓰기도 합니다. 교통 혼잡으로 인한 스트레스를 줄이고, 대기 오염 물질의 배출을 감소시켜 기후 위기에 적극적으로 대응할 수 있게 해 주는 자전거 덕분에 주민들의 삶이 더욱 윤택해지고 있습니다.

코펜하겐에서는 환경을 위해 자전거만 활용하고 있는 게 아닙니다. 2001년, 코펜하겐의 바다에는 거대한 해양 풍력 발전소가 건설되었습니다. 이곳에서 도시 에너지의 약 4퍼센트를 생산해 화석 연료의 사용을 줄여 나가는 데도 노력하고 있지요.

또한 물을 맑게 하기 위해 오랜 기간 동안 하수 처리 시설에 꾸준히 투자를 해 왔습니다. 수질이 개선되어 이제는 수영할 수 있는 지역도 많이 늘었습니다.

코펜하겐은 2025년까지 탄소 중립을 목표로 하고 있습니다. 상업용 건물은 20퍼센트, 주거용 건물은 10퍼센트씩 전력 소비를 줄이고, 총 열 소비량은 20퍼센트를 감소시키겠다는 목표를

가지고 있지요. 새로 짓는 건물에는 태양열 패널을 설치함으로써
재생 가능한 에너지 사용이 점점 더 보편화하고 있습니다.

여전히

도전하는

디지털 사용에도 발자국이 남는다고?
디지털 탄소 발자국

전 세계에 스마트폰이 몇 개나 될까요? 스마트폰은 현대 사회의 필수품이면서 동시에 사람들에게 가장 많이 사랑받고 있는 물건 중 하나입니다.

스마트폰이 손에 없으면 불안감을 느끼는 사람들도 많다고 하지요. 하루 평균 7시간 이상 사용한다고 대답하는 사람도 3명 중 1명꼴로 늘고 있습니다.

이러한 스마트폰 사용은 정서적 문제와 더불어, 거북 목 증후군이나 손목 터널 증후군 같은 신체적 문제뿐만 아니라 지구의 온도를 높이기도 합니다.

스마트폰, 컴퓨터, 텔레비전과 같은 디지털 기기를 사용하면 온실가스가 발생하는데, 이러한 온실가스는 눈길의 발자국과 같이 지구에 흔적을 남기기 때문에 '디지털 탄소 발자국'이라고 불립니다.

스마트폰으로 인터넷 검색을 하거나 이메일을 확인할 때는 데이터 전송을 이용하는데, 네트워크로 연결된 데이터 센터에서 이러한 작업을 처리합니다. 데이터 센터는 적절한 온도와 습도를 유지해야 하기 때문에 엄청난 전력을 소모하지요.

한마디로 말해 이산화 탄소는 네트워크를 거쳐 데이터 센터까지 서버를 연결할 때 발생합니다. 하루 동안 스마트폰 1대를 사용하면 평균적으로 660그램의 이산화 탄소를 배출합니다.

전 세계에 보급된 휴대폰이 50억 대 정도인데, 우리나라의 경우 국민의 95퍼센트가 스마트폰을 쓰고 있다고 하니 디지털 탄소 발자국을 많이 남기는 나라 중 하나일 거예요. 특히 통화는 10분당 이산화 탄소 36그램, 이메일 전송은 1통에 4그램, 인터넷 검색은 0.2그램이라고 하지요.

프랑스의 비영리 환경 단체 시프트 프로젝트의 연구 결과에 의하면, 온라인 동영상을 1시간 재생하면 이산화 탄소가 3.2킬로그램 발생된다고 합니다. 이것은 자동차로 12.6킬로미터를 가는 것과 같은 양입니다.

디지털 기기의 사용 습관을 개선하는 것만으로도 온실가스를 줄여 나갈 수 있습니다. 우리가 할 수 있는 구체적인 일은 무엇일까요?

우선 디지털 기기를 지금보다 조금 더 멀리 하는 것이 가장 좋을 것입니다. 지루함을 즐기는 지혜도 필요하지요. 지구를 위해서나 자신의 신체적, 정신적 건강을 위해서 내 앞에 있는 사람에게 집중하고 자연의 아름다운 변화에 관심을 가져 보는 것도 좋겠습니다.

첫 번째, 텔레비전이나 컴퓨터 등 전자 기기 전원을 절전 모드로 조정하고 화면 보호기를 사용하는 것도 좋습니다. 컴퓨터나 스마트폰 화면의 밝기를 낮추는 방법도 있지요. 밝기를 다크 모드로 바꾸면 소비 전력이 25~30퍼센트 줄어 에너지를 줄일 수 있으며, 눈 건강에도 좋습니다.

둘째, 이메일을 정리하고 관리합니다. 읽지 않는 뉴스레터는 구독을 취소하고, 스팸 메일은 차단하며, 필요 없는 메일은 삭제하는 등 이메일을 정리하면 데이터를 적게 사용하고 전력 소모도

줄일 수 있습니다.

셋째, 동영상 스트리밍 대신 다운로드를 이용합니다. 우리나라 사람들이 가장 오래 사용하는 앱이 동영상 앱이라고 하지요. 동영상을 스마트폰에서 재생하는 스트리밍은 이산화 탄소 배출이 많습니다. 자주 듣고 보는 음악과 영상을 스마트폰이나 컴퓨터에 다운로드하면, 스트리밍보다 전력이 덜 소비됩니다.

넷째, 새 스마트폰 구매를 최대한 미룹니다. 우리가 사용하는 스마트폰이 2년 동안 배출하는 이산화 탄소의 85~90퍼센트는 스마트폰을 생산할 때 발생합니다. 휴대폰 제조 과정에는 콜탄이라는 광물이 필요한데, 콜탄 채취가 고릴라의 서식지를 파괴한다는 것은 이제 익숙한 이야기입니다.

작은 실천이 모이면 큰 변화를 가져옵니다. 늘 옆에 두고 있는 스마트폰, 오늘부터 디지털 탄소 발자국을 줄이기 위한 작은 행동을 실천해 보면 어떨까요? 아름다운 지구를 계속 보기 위해서 말입니다.

환경을 위해 기업들이 이렇게까지 한다고?
지속 가능 경영

국어사전에서는 '기업'을 '영리(營利: 명예와 이익)를 얻기 위하여 재화나 용역을 생산하고 판매하는 조직체'라고 정의합니다. 이익을 얻기 위해 활동하는 곳이란 뜻이지요.

하지만 기업도 친환경적인 노력을 다양하게 합니다. 환경 캠페인을 벌이거나 환경 문제 해결을 위해 아이디어를 내기도 하며, 친환경 인증 마크를 획득하기도 하지요. 이러한 친환경 기업 경영은 ESG와 관련이 많습니다. ESG는 Environment, Social and Governance의 약자로, '환경-사회-지배 구조'라는 뜻입니다.

즉 기업이 얼마만큼의 이윤을 남겼는가의 평가뿐 아니라 기업

활동에 친환경, 사회적 책임 경영, 지배 구조 개선 등 투명 경영을 고려하여 평가를 해야 한다는 것입니다. 이러한 ESG는 '지속 가능 경영'이라는 말로도 불리는데, 새로운 시대에 발전하는 기업의 모습으로 주목받고 있습니다.

ESG는 기업이 이익을 많이 내면서 성장하고 있는지 그렇지 않은지에 대한 판단이 아닙니다. 국가의 발전이나 지구의 지속 가능성과 관련이 더 깊습니다.

기업은 생산과 수송, 소비 등을 담당하고 있는데, 이러한 기업이 친환경적인 생산을 하면서 사회적인 환경 문제에 책임감을 가지고 회사를 경영한다면 어떻게 될까요? 사회의 지속 가능성을 가지고 온다고 할 수 있겠지요.

그렇다면 ESG 중 E, 즉 환경과 관련된 사례로는 구체적으로 어떤 것이 있을까요?

예를 들면 생분해성 플라스틱과 같은 친환경적 재료를 개발한다거나 태양 에너지, 바람 에너지, 바이오 에너지와 같은 재생 에너지를 적극적으로 활용하는 것이 있습니다.

업무 차량을 전기차나 수소차로 바꾸고 탄소를 제거하는 등의 탄소 감축 기술을 활용할 수도 있지요. 탄소 배출권을 획득하거나 해외 온실가스 감축과 같은 국제사회의 기후 변화 대응에 동참하는 방법도 있습니다.

실제로 우리나라 기업들은 다양한 노력을 기울이고 있습니다. 배달로 인한 일회용품 용기의 사용이 급증하자 배달용 일회용품을 스테인리스 다회용기로 바꾸고, 용기를 회수하는 시스템을 개발한 기업도 있습니다.

소비자는 용기를 씻지 않고 회수 가방에 넣어 QR 코드 스캔 후 집 앞에 놓으면 됩니다. 회수된 용기는 센터에서 총 7단계에 걸쳐 세척된 후 해당 식당으로 다시 배송되지요.

한 기업에서는 불가사리를 활용하여 친환경 제설제를 개발했습니다. 불가사리는 천적이 없는 동물로서 조개나 전복, 소라 등의 어패류를 먹어 양식장에 막대한 피해를 유발하고 있습니다. 번식력도 강해서 어민들의 골칫거리이기도 하지요.

어민들이 조업 중 잡은 불가사리를 수집해 제설제로 만든 시도는 제설제로 인한 환경 오염 문제도 해결했습니다. 제설제로 쓰이는 소금과 염화 칼슘은 눈을 녹이는 과정에서 자동차의 철을 부식시키고, 콘크리트와 도로를 파손하며, 토양을 오염시켜 왔기 때문이지요.

또 다른 기업에서는 친환경 배송과 분리 배출의 간편함을 위해 테이프를 아예 사용하지 않는 조립형 펑거 박스를 사용하고 있습니다. 박스 겉면이 절취선으로 되어 있어 접착제도 필요 없지요. 비닐 완충제와 테이프를 종이로 대체해 재활용이 쉬워졌습니다.

이러한 기업 사례 중에서 최근 화두가 되고 있는 것이 'RE100 (Renewable Electricity 100%)'입니다. 2050년까지 기업이 사용하는 전력을 모두 재생 에너지로 사용하겠다는 캠페인이지요. 친환경 기업, 즉 지속 가능 경영을 위해 꼭 필요한 노력 중 하나로 손꼽히고 있습니다.

그런데 이게 정말 가능할까 하는 생각이 드는 것도 사실입니다. 현재 재생 에너지 비율은 전체 에너지 사용량의 10퍼센트도 되지 않기 때문입니다.

RE100은 2014년 영국의 다국적 비영리 기구 '더 클라이미트 그룹'에서 시작되었고, 이미 세계적인 글로벌 기업들이 자발적으로 참여하고 있습니다. 우리나라에서도 동참하겠다는 기업들이 속속 등장해 RE100 위원회에 가입 신청서를 제출했다고 합니다.

환경을 위한 전 세계 기업의 노력, 정말 인상 깊지 않나요? 이러한 기업의 노력을 잘 기억했다가 그 기업의 물건을 소비하는 '지속 가능 소비자'도 필요하겠습니다.

지구를 복제했다고?
바이오스피어 2

과학 기술은 정말 빠르게 발달했습니다. 통신 수단이 발달한 것만 보더라도 잘 알 수 있지요. 불과 이삼백 년 전만 해도 멀리 떨어져 있는 사람에게 소식을 전하려면 연을 띄우거나 연기를 피워야 했습니다. 그렇게 하기 어려울 때는 사람이 직접 찾아가야만 했지요.

지금으로부터 삼십여 년 전인 1990년대에는 문자나 음성으로 메시지를 전달하는 '삐삐'라는 개인용 기기가 있었습니다. 지금은 거의 모든 사람들이 컴퓨터 기능이 탑재된 휴대 전화를 들고 다닐 정도로 기술이 발달했지요.

안타깝게도 과학 기술의 발전과는 정반대로 지구 환경은 점차 나빠지고 있습니다. 그리하여 인류는 환경 문제를 해결하기 위해 다양한 노력을 기울여 왔지요. 그중에는 지구를 하나 더 만들어 보겠다는 지구 복제 프로젝트도 있었습니다.

'바이오스피어 2'라고 명명된 이 프로젝트는 미국의 애리조나에서 실행한 연구입니다. '바이오스피어'란 지구 생물권 또는 생태계를 일컫는 말입니다. '제 2의 지구'를 뜻하는 '바이오스피어 2'를 만드는 과정은 1987년에 착수해 1991년에 완성되었습니다.

프로젝트의 목표는 지구를 거의 완벽하게 축소해 놓는 것이었습니다. 지구 환경과 똑같은 조건의 공간을 만들어 그곳에서 사람이 생활해 본다면, 하나밖에 없는 생태계를 보다 잘 이해할 수 있을 것이기 때문입니다.

사람들은 이 연구가 먼 훗날 혹시 일어날 수도 있는 지구 밖 외계 행성으로의 이주에도 분명 도움이 많이 되리라 생각했습니다. 어쨌든 파괴되고 있는 지구 환경을 연구하기 위해 당시로서는 획기적으로 시도한 것입니다.

바이오스피어 2는 축구장 8개만 한 크기의 면적에 공기가 전혀 통하지 않는 밀폐된 공간이었습니다. 천장의 유리를 통해 들어오는 태양 빛을 제외하고는 모두 자체적으로 해결할 수 있는 시스템을 구축하였죠. 산소를 만들어 내는 것부터 생물을 번식시키는 모든 일들이 자연적으로 일어나도록 설계했습니다.

또한 그 안에는 열대 우림, 사바나, 습지, 바다와 사막도 있었습니다. 8명의 과학자, 300여 종의 식물을 포함해 약 3,000종의 생물이 함께 살도록 구성했습니다.

그곳에 사는 과학자들에게는 중요한 임무가 주어졌습니다. 바이오스피어 2가 또 하나의 독립된 지구이므로 외부의 도움 없이 자급자족하며 살면서 여러 실험을 진행하게 한 것이죠. 변화하는 이산화 탄소의 수치를 측정한다거나 농사짓는 것도 그중에 포함되었습니다.

흥미로운 것은 바이오스피어 2에는 자원이 한정되었고 외부에서 공급 받을 수도 없다 보니 자원을 갖기 위해 사람들이 서로 경쟁했다는 사실입니다. 물을 먼저 쓰려고 한다거나, 식물들을 더 많이 가져가는 등의 모습을 보였던 것이죠.

공유 자원에 대한 인간의 이기심을 엿볼 수 있기도 했습니다. 각자가 남보다 먼저 소유하려 하고, 더 많이 갖기 위해 노력하면서 바이오스피어 2 안의 환경도 조금씩 나빠졌다고 합니다.

바이오스피어 2에 살던 어느 과학자는 아침에 일어나면 이산화 탄소 수치를 가장 먼저 확인했다고 합니다. 무슨 이유에선가 이산화 탄소 수치가 올라가서 숨 쉬기가 어려워졌던 것이죠.

"이산화 탄소 수치가 어제보다 100ppm*이나 올랐네."

"이런, 오늘은 자가용을 쓰면 안 되겠어."

"마을에 식물을 더 많이 심으면 이산화 탄소 수치가 내려가지 않을까?"

"외부에서 산소를 좀 유입해 달라고 하는 건 어떨까?"

"토양에 섞여 있는 호기성 미생물이 산소를 소비하고 이산화 탄소를 배출해서인 것 같아."

참가자들은 서로 의견을 나누며 물질 순환을 측정하고 관찰했습니다. 어떻게 해서든 이산화 탄소를 줄여 보려고 노력했지요.

대체 무엇 때문에 이산화 탄소 수치가 올라갔을까요? 바이오스피어 2 프로젝트가 끝나고 원인을 규명해 보니, 인공적으로 만든 건물들이 문제였습니다.

건물은 콘크리트로 만들어졌는데, 석회 성분인 콘크리트가 산소를 계속 흡수했던 것입니다. 이와 함께 식물의 광합성이 감소해 산소 생산량 역시 줄어들었지요. 낮에는 식물들이 산소를 배출해 다소 회복되었지만, 밤에는 산소 생산량이 더욱 줄어들면서 이산화 탄소만 배출되었습니다.

또한 토양을 비옥하게 만들려고 유기물 함량이 높은 토양을 넣었는데, 토양 속 박테리아가 왕성하게 번식하면서 산소의 농도는 떨어지고 이산화 탄소의 농도는 급격하게 올라간 것이었습니다.

게다가 바다는 이산화 탄소를 흡수하는데, 바이오스피어 2의 바다는 너무 작아서 이산화 탄소를 충분히 흡수하지 못했습니다. 흡수된 이산화 탄소 때문에 바다가 산성화되어 산호들이 하얗게 변해 녹기 시작했고, 결국 이산화 탄소를 흡수하는 기능을 점차 잃어버리고 말았습니다.

프로젝트에 참가한 연구자들은 이러한 문제를 해결하려고 이산화 탄소를 흡수하는 나팔꽃을 많이 심었지요. 하지만 이번엔 나팔꽃이 급작스럽게 번식하여 다른 식물들이 자라는 것을 방해했습니다.

이산화 탄소의 증가로 기온이 오르기 시작하자 곤충들은 죽고 꽃가루받이도 잘 이루어지지 않았습니다. 식물들이 수정되지 않으니 또다시 이산화 탄소를 흡수하는 식물이 줄어들어 이산화 탄소가 증가하는 악순환이 계속되었습니다.

결국 더 이상은 바이오스피어 2 안에서 살 수 없었습니다. 외부에서 산소를 유입해야 하는 상황에 이르렀기 때문이지요. 자급자족의 자립적인 독립 생태계, 지구 만들기 프로젝트는 이렇게 2년 만에 막을 내렸습니다. 이 프로젝트는 실패했지만, 한편으로는 성공적인 면도 있다는 평가를 받았습니다.

4,000여 명의 생태학자와 과학자, 기술자 등이 참가한 바이오스피어 2 프로젝트는 단 하나뿐인 지구를 복제하기 위해 오랜 시간 준비해 처음으로 과학 기술을 한 데 모아 완성한 역사적인 일임에는 틀림없습니다. 지구 생태계, 즉 우리들이 살고 있는 바이오스피어 1을 지키는 일이 얼마나 중요한지, 앞으로 어떻게 해야 하는지를 알려 준 연구라고 생각합니다.

바이오스피어 2 프로젝트는 하나뿐인 지구의 소중함과 함께, 공공 자원으로서의 자연환경을 어떻게 대하고 행동해야 하는지 다양한 시사점을 제공합니다.

●우리나라의 이산화 탄소 수치는 427.6ppm이다(2023년 기준).

기후 변화를 과학적으로
설명하는 사람들이 있다고?
IPCC

이산화 탄소 등의 온실가스가 증가해 지구 온난화나 기후 변화가 생겼다는 기존의 주장에 대해 반대 의견을 가진 사람들이 있습니다. 지구가 뜨거워지는 것은 사실이지만 이는 자연적인 현상이며, 기후 변화는 매우 다양하고 복잡한 요인에 의해 일어나기 때문에 이산화 탄소의 증가만으로는 설명할 수 없다고 주장하지요.

또한 지구의 역사를 보면 빙하기와 간빙기가 반복되며 온도가 변하는데, 지구의 온도 변화는 지구에 도달하는 태양 빛이 주기적으로 줄었다 늘었다 하는 밀란코비치 주기에 의한 것이지 온실가스 때문은 아니라고 말합니다.

분명한 것은 기후 변화나 지구 온난화가 자연 과학적인 현상이라는 점입니다. 그러므로 이에 대한 논의는 과학적 근거를 들어 이야기해야 하지요.

기후 변화와 관련된 뉴스에서 'IPCC'나 'IPCC 보고서'라는 말이 자주 언급되는 것을 볼 수 있습니다. IPCC는 무슨 의미일까요? 이는 'Intergovernmental Panel on Climate Change'의 줄임말로, '기후 변화에 관한 정부 간 협의체'를 뜻합니다.

IPCC는 기후 변화 문제에 대처하기 위해 세계 기상 기구(World Meteorological Organization, WMO)와 유엔 환경 계획(United Nations Environment Programme, UNEP)이 1988년에 공동으로 설립한 국제기구입니다. IPCC의 다양한 역할 중에서 가장 중요한 것으로 기후 변화에 관한 과학적인 규명이 있습니다. 이를 위해 전 세계 과학자들이 참여하여 현재 기후의 변화에 대한 평가 보고서를 작성하고 발간하지요.

IPCC 보고서는 기후 변화 논의에 있어서 그동안 커다란 역할을 해 왔습니다. 지금까지 여섯 차례 발간되었지요. 「제 1차 평가 보고서」는 1990년에 발간되었으며, 이 보고서를 바탕으로 유엔 기후 변화 협약이 채택되었습니다. 유엔 기후 변화 협약이란 온실가스 때문에 발생하는 지구 온난화를 줄이기 위한 국제적인 약

속으로, 선진국들이 이산화 탄소를 비롯한 각종 온실가스의 방출을 제한하여 지구 온난화에 대응하는 것을 목적으로 하였습니다.

이 협약은 온실가스 배출에 대한 강제성을 가지고 있지 않다는 점에서 법적 구속력은 없지만, 세계 최초로 지구 온난화에 대한 국제적인 인식을 반영한 국제적 약속이라는 점에서 의미가 있습니다. 이러한 약속을 이끌어 내기 위해 IPCC가 중요한 역할을 했지요.

「제 2차 평가 보고서」는 1995년에 발간되었으며, 「교토 의정서」 (1997년)가 채택되는 근거가 되었습니다. 「교토 의정서」는 유엔 기후 변화 협약의 수정안입니다. 이 의정서를 인준한 국가는 여섯 가지 온실가스의 배출을 감축해야 하는데, 배출량을 줄이지 않으면 비관세 장벽이 적용됩니다.

2005년에 발효된 「교토 의정서」는 선진국에 속하는 38개국이 1990년의 온실가스 배출량보다 평균 5.2퍼센트의 감축을 목표로 하고 있습니다. 탄소 배출 감축에 대한 본격적인 노력으로 의미가 있지요.

노벨 평화상은 노르웨이 노벨 위원회가 시상하는 상으로, 인류 평화에 이바지한 사람이나 단체에게 수여하는 권위 있는 상입니다. IPCC는 「제 4차 평가 보고서」를 발표한 2007년에 노벨 평화상을 수상했습니다. "인간이 야기한 기후 변화에 대한 상당한 연구를 진행했으며 상호 협력해야 할 필요성이 있는 사안에 대해서 조치를 취할 수 있도록 구체적인 기틀을 마련했다."라는 평가를 받았지요.

현재까지 유지되고 있는 기후 협약 체계인 파리 기후 협약은 온실가스 감축 의무를 선진국에만 부과했던 「교토 의정서」와 달리 195개 당사국 모두에게 구속력 있는 감축 의무를 부과한 첫 사례로, 신 기후 체제로 불립니다. 파리 기후 협약이 체결되는 과학적 근거로는 2014년에 발간된 IPCC의 「제 5차 평가 보고서」가 그 역할을 했다고 할 수 있습니다.

IPCC는 2023년 「제 6차 평가 보고서」를 발간해 다시금 세계적으로 주목받고 있습니다. 이 보고서에는 좀 더 암울한 기후 변화의 과학적 시나리오가 담겼지요. 특히 IPCC는 「1.5도 특별 보고서」를 작성했습니다. 1.5도 목표의 영향과 감축 경로 등을 평가하여 기후 변화에 대한 대응을 강화하는 데 다양하게 사용되고 있습니다.

IPCC는 기후 변화와 관련된 연구를 오랫동안 지속적이면서도 체계적으로 진행해 왔습니다. 전 세계 과학자들이 다가올지 모를 지구의 재앙에 대해 관심을 가지고 협력하면서 연구한 내용을 알리고 있지요.

기후 변화는 한 개인이나 기업, 국가에 의해서 해결될 수 없는 전 지구적 쟁점입니다. 따라서 국가를 넘어 다양한 협력이 필요하며, 이러한 협력을 뒷받침할 수 있는 과학과 과학자들의 역할이 매우 중요합니다.

화석에서 플라스틱이 나왔다고?
인류세

　지구의 나이는 얼마일까요? 인간은 언제 지구에 등장했을까요? 과학과 역사에 관심 있는 사람이라면 한 번쯤 들어 봤을 거예요. 지구의 나이는 약 46억 살이고, 그중 인간, 즉 호모 사피엔스는 대략 1만 년 전에 등장했다고 알려져 있습니다.

　46억 년이라는 지구의 역사에서 1만 년은 정말 미미한 숫자에 불과할 겁니다. 그만큼 이곳 지구에 인간이 살아온 시간은 얼마 되지 않았습니다.

　인류학자들은 46억 년을 지질학적으로 여러 시기로 다시 나눕니다. 생물계의 급격한 변화, 화석 종류의 뚜렷한 변화 등을 토대

로 '대—기—세' 순으로 구분하는 것이죠.

잘 알려진 것처럼 공룡은 중생대 쥐라기와 백악기 시대에 살았던 동물이고, 삼엽충은 고생대 캄브리아기에 멸종한 동물이지요. 우리 인간은 가장 최근인 신생대 제 4기 홀로세(또는 충적세)에 살고 있습니다.

네덜란드의 과학자 파울 크뤼천은 오존층의 구멍을 발견해 1995년에 노벨 화학상을 받았습니다. 그는 2000년대 안팎을 인류세로 부르자고 제안했지요.

"우리는 지금 홀로세가 아니라 인류세에 살고 있습니다."

'인류세'란 '인류'에 '시대'를 뜻하는 '세'를 합한 말로, 인류로 인해 생겨난 지질 시대라는 의미입니다. 인류는 지금까지 지질 시대에 거의 관여할 수 없었습니다. 인류가 지구의 역사에 늦게 등장하기도 했고, 거대한 땅덩어리의 형성에 인간이라는 작은 생명체가 영향을 끼칠 수 없었기 때문이기도 합니다.

지질 시대가 어떻게 구분되는지 다시 한 번 살펴볼까요? 지질 시대는 46억 년 전, 지구가 탄생하고 생물이 나타난 선캄브리아대로부터 시작됩니다. 이후 최초 육상 생물이 출현한 고생대, 공룡 등의 파충류가 번성한 중생대, 포유류가 번성한 신생대로 나뉩니다.

이때까지 각 지질 시대를 구분하게 한 근원적인 동력은 거대한 자연의 변화였습니다. 그러나 인류세를 만드는 동력은 바로 인간이 주도한다는 데 큰 차이가 있습니다.

특별히 새롭게 구분되는 인류세에는 몇 가지 특징이 있습니다.

첫 번째는 우리가 사용하는 화석 연료로 인해 탄소 동위 원소의 비율이 달라지고 있

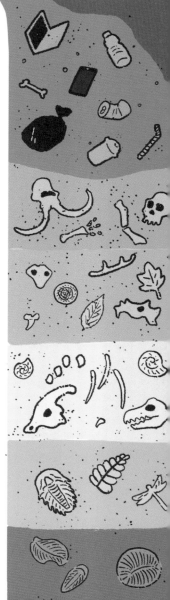

여전히 도전하는

다는 점입니다. 탄소는 세 가지 동위 원소인 탄소-12, 탄소-13, 탄소-14의 형태로 자연 상태에서 존재합니다. 이 세 가지 원소 중 탄소-14의 비율로 시기를 측정하는데, 현세대가 대량으로 사용하는 화석 연료로 인해 이러한 탄소 동위 원소의 비율 또한 달라지고 있습니다.

두 번째는 생물상이 급격히 변화되고 있다는 점입니다. 현재를 '대멸종의 시기'라고 말하는 과학자들도 많이 있습니다. 약 200만 종에 달하는 지구 생물 중 이미 15~26만 종이 사라지고 있으며, 대멸종이 현재 진행 중이라는 것이지요. 30년 안에 지구에 사는 생물종 중 3분의 1이 줄어들 것이라고 말하는 과학자들도 있습니다.

세 번째는 이전에는 없었던 플라스틱 쓰레기와 미세 플라스틱 입자가 화석으로 남는 것입니다. 잘 썩지 않으므로 플라스틱 입자는 퇴적되기 쉽습니다. 또한 아주 먼 미래에도 플라스틱 쓰레기나 미세 플라스틱 입자를 관찰하기는 쉬울 것입니다. 하와이에서는 화산 폭발로 엉겨 붙은 플라스틱 화석이 이미 생겼다고 합니다.

네 번째는 식량 생산을 위해 화학 비료의 사용을 늘림으로써 토양 중에 질소가 증가하고 있다는 점을 들 수 있습니다. 인구 증가로 인해 식량 생산이 계속 늘어나고 있으며, 가축을 키우기 위해 플랜테이션 등에서 가축의 사료를 재배하고 있습니다. 식량 증산이나 곡물 재배를 위해서는 화학 비료를 사용해야 하는데, 이러한 화학 비료를 많이 쓰다 보니 땅 속에 질소가 증가하고 있지요.

이처럼 인류세의 가장 큰 특징은 인류에 의한 자연환경 파괴를 들 수 있습니다. 그동안 인류는 끊임없이 지구 환경을 망가뜨렸습니다.

2004년 8월 스웨덴 스톡홀름에서 열린 유로 사이언스 포럼에 참가한 과학자들도 '인류세' 이론을 지지했습니다. 과학자들은 기후 변화를 증명해 내는 지역으로 사하라 사막, 아마존강 유역의 삼림 지대, 북대서양 해류, 남극 서부의 빙원, 아시아의 계절풍 지대, 지브롤터 해협 등 12개를 꼽습니다.

이제 인류세라는 용어는 《네이처》나 《사이언스》 같은 국제적인 과학 잡지에도 등장하는 유행어가 되었습니다. 인류세에는 그동안 자연이 주도했던 지질의 세기를 인간이 주도하고 있습니다. 이러한 원인들이 인간을 계속 위협하고 있다는 점은 매우 아이러니합니다.

침팬지와 50년을 같이 살았다고?
제인 구달

    우리나라에는 초파리만 관찰하고 연구하는 학자가 있습니다. 또 세계 어느 곳에는 개미만 연구하는 학자도 있다고 하지요.

    여기에 평생 침팬지만 연구한 사람이 있습니다. 영국의 과학자이자 인류학자인 제인 구달입니다. 제인 구달은 사람과 흡사하다는 침팬지를 오랫동안 연구한 과학자로, 침팬지가 어떻게 행동하는지 특히 많은 관심을 가졌습니다.

    제인 구달은 1934년에 영국 런던에서 태어났습니다. 어릴 때부터 동물에 관심이 많아서 열두 살 때는 친구들과 동물 사랑 단체를 만들기도 했지요. 늙은 말이 안락사를 당할 위기에 처하자,

기금을 마련하여 말을 구했습니다.

구달은 고등학교 졸업 후 대학교에 들어갈 돈이 없어서 진학을 포기하고 돈을 벌기 시작했어요. 그러다가 케냐의 나이로비 국립 자연사 박물관에서 일하게 되었습니다. 이후 침팬지에 대한 연구를 제안 받았고, 1960년대 초반에 기쁜 마음으로 침팬지의 서식지로 가서 연구를 시작했습니다.

> **침팬지**: 머리에서 엉덩이까지의 몸길이는 수컷 77~92센티미터, 암컷 70~85센티미터이다. 똑바로 섰을 때의 몸길이는 수컷이 120~170센티미터, 암컷은 100~130센티미터 정도이다. 뇌 용량은 사람의 3분의 1 또는 4분의 1 정도이며 사람과 같이 지문이 있다. 열대의 축축한 삼림과 사바나에 주로 서식하며 30~80마리 정도가 함께 사는데 집단력도 강하다. 다양한 종류의 먹이를 먹는데, 주로 과일이나 나뭇잎을 먹는다. 네 다리로 보행하며, 먼 거리를 이동하기도 한다. *(출처: 두산백과)*

침팬지를 연구하는 일은 생각보다 쉽지 않았다고 해요. 특히 침팬지를 만나는 일이 그랬습니다. 매일 숲에 가도 침팬지를 만나기는 정말 어려웠습니다. 하지만 몇 개월 동안 구달은 항상 숲에서 생활했고, 그렇게 꾸준히 노력한 결과 침팬지를 만날 수 있었습니다.

제인 구달 이전에는 침팬지를 어떻게 관찰했을까요? 주로 멀리서 망원경으로 들여다보며 모습을 관찰했다고 합니다. 그러나 구달은 침팬지의 서식지에서 함께 생활하며 그들과 친밀한 관계를 형성했습니다. 침팬지가 생활하는 방식과 습성, 즉 침팬지의 문화적인 측면까지를 직접 관찰한 것이죠.

같이 생활하며 야생 동물을 관찰하는 건 생각하지 못했던 일이지요. 그런 일을 시도하는 사람들도 거의 없었습니다.

제인 구달이 발견한 특이한 점 중 하나는 침팬지가 다양한 도구를 사용한다는 것입니다. 도구는 오직 사람만이 사용할 수 있다고 믿고 사람과 동물을 구분하는 기준으로 도구의 사용을 생각해 왔는데, 놀랍게도 침팬지 역시 다양한 도구를 사용하고 있었던 거예요.

또한 침팬지가 다양한 감정을 가지고 있다는 사실도 알게 되었습니다. 장난치기, 뛰놀기, 폴짝 뛰기 등과 같이 기쁨을 표현하거나, 어미가 죽으면 잘 움직이지 않거나 주위에 무관심하거나 몸을 떨거나 하는 슬픔을 표현한다는 사실을 알았습니다. 이것은 망원경만으로는 관찰하기 어려웠을 거예요.

제인 구달의 이러한 노력은 침팬지의 문화와 사회적 행동에 대해 많은 것을 알 수 있는 계기가 되었습니다. 영국 케임브리지 대학교에서는 제인 구달이 대학교의 학부 과정을 밟지 않았음에도

불구하고 곧바로 박사 과정 입학을 허락했습니다.

제인 구달은 동물의 복지와 보호를 위해 세계 곳곳을 방문하며 많은 노력을 기울이고 있습니다. 우리나라에도 몇 차례 방문해 동물 보호의 중요성과 자연 보전에 대한 다양한 이야기를 강조했습니다.

2012년 방문 때는 멸종 위기종인 남방큰돌고래 '제돌이'가 자연으로 돌아가는 데 큰 역할을 했지요. 제돌이는 제주 앞바다에서 불법 포획돼 서울 대공원에서 수년간 돌고래 쇼에 이용되었습니다. 당시 제돌이 방류 시민 위원회는 "제인 구달 연구소(1977년 설립)를 통해 132개국의 세계인들이 제돌이 방사에 관심을 갖게 됐다."라고 알렸습니다.

이처럼 제인 구달은 50년 동안 침팬지와 함께 생활하며, 자연과 동물을 사랑하고 보호해야 한다는 의식을 많은 사람들에게 심어 주었습니다.

"인류가 직면한 위기는, 결국 인간도 동물이고 자연의 일부라는 사실을 경시해 온 탓입니다."

"동물과 자연에 대한 존중이 없다면, 인간도 살아남지 못할 것입니다."

쓰레기 옷을 입는 사람이 있다고?

롭 그린필드

여러분이 한 달 동안 얼마만큼 쓰레기를 버리는지 생각해 본 적이 있나요? 다음에 소개되는 한 학생의 일과를 따라가 보면서 여러분 자신과 한번 비교해 보세요.

아침에 플라스틱 칫솔에 치약을 짜고 양치를 했다. 칫솔이 많이 낡아서 내일이면 새것으로 교체해야 할 것 같았다. 또 치약은 다음 주면 새 치약을 꺼내야 할 것 같았다. 바디 젤로 샤워하고 아침을 먹었다. 아침은 유부초밥이었는데, 유부초밥 키트를 뜯어 보니 여러 장의 비닐로 포장되어 있었다. 소스와 유부를 담은

비닐이 각각 있고, 또 이것들을 전체 비닐 봉투에 담아 놓아서
매우 간단한 아침인데도 쓰레기가 제법 나왔다.

학교에서는 과학 실험이 있었다. 나만의 행성 만들기를 하기 위해서
나는 플라스틱 반구, 실, 금박지와 은박지, 그리고 색종이와
반짝이풀과 셀로판테이프를 사용했다. 선생님께서는
잘 만들었다고 칭찬해 주셨다. 다 만든 후 게시판에 게시하였다.
다음 날 과학 선생님께서는 "집으로 가져가고 싶은 사람은 가져가고
그렇지 않은 사람은 분리해서 버리렴." 하고 말씀하셨다.
내 작품을 보니 다양한 것들이 붙어 있어서 분리배출이 어려워
보였다. "분리배출이 어려운 사람은 어떻게 해요?"라고 여쭈었더니
"응, 그럼 쓰레기통에 버리렴."이라고 하셨다.

점심시간이 되었다. 급식에 당근 주스가 나왔다. 쓰레기통에는
당근 주스 봉투가 넘쳐 났다. 미술 시간에는 선생님께서 나뭇잎
액자를 만드는 과제를 내 주셨다. 지난주에는 클레이로 친구들과
함께 동물원을 만들었는데, 일주일 동안 전시한 후에는 어쩔 수 없이
쓰레기통에 버렸다. 만든 걸 모두 집에 둘 수는 없는 일이다.

집으로 가는 길에 친구들하고 딸기우유랑 바나나우유를 사 먹고
컵라면도 먹었다. 우유갑이랑 컵라면을 담은 컵, 비닐, 나무젓가락을
쓰레기통에 버렸다.

집에 가서는 사회 과제를 위해 A4 용지 몇 장을 프린트해서 공책에

오려 붙이고 나머지는 또 쓰레기로 버렸다. 프린터에 종이가 걸려 멀쩡한 A4 용지가 나왔지만, 다시 프린터에 넣지 않고 쓰레기통에 버렸다. 저녁 식사 후에 과자를 먹었는데, 배가 불러서 약간 남은 과자를 쓰레기통에 버렸다.

이렇게 한 달 동안 버린 쓰레기를 모으면 얼마나 될까요? 우리나라의 경우 한 사람이 버리는 쓰레기양은 한 달에 27킬로그램 정도 된다고 해요. 모든 사람들이 하루에 900그램의 쓰레기를 버리는 셈입니다.

한 달 동안 자기가 버린 쓰레기를 몸에 붙이고 다닌 사람이 있습니다. 바로 미국의 환경 운동가 롭 그린필드입니다.

그린필드는 쓰레기 문제를 알리기 위해 자신이 한 달 동안 버린 쓰레기를 모두 모아서 투명한 비닐봉지에 담아 옷으로 만들었습니다. 쓰레기 옷은 무게가 약 28킬로그램에 달했습니다.

팔, 다리, 가슴 등에는 종이 상자, 플라스틱, 비닐, 종이컵, 휴지 등 다양한 쓰레기가 담겨 있었는데, 그는 이 투명 쓰레기 옷을 입고 미국 로스앤젤레스 거리를 활보했습니다. 많은 사람들이 그린필드의 행동에 관심을 가졌지요. 그는 이렇게 이야기했습니다.

"대부분의 사람들은 자신의 쓰레기에 대해 두 번 생각하지 않습니다. 쓰레기통에 들어가면 눈에 띄지 않고 마음에서도 사라집니다. 우리 중 많은 사람들이 넘쳐 나는 매립지, 쓰레기로 뒤덮인 바다, 몸에 플라스틱이 붙어 있는 동물, 배에 플라스틱이 가득 찬 죽은 동물의 사진과 비디오를 보았지만, 그것과의 개인적인 연관성을 아는 사람은 거의 없습니다. 삼십 일 동안 내 쓰레기를 모두 입음으로써 한 사람이 얼마나 많은 쓰레기를 만들어 내는지에 대한 충격적이고 잊을 수 없는 영상을 만들어 사람들이 실제로 이러한 문제의 일부라는 것을 이해할 수 있게 하는 것이 중요합니다. 대화가 시작되고 사람들이 그것에 대해 생각하게 되면, 나는 사람들이 쓰레기를 덜 만들기 위해 삶에 긍정적인 변화를 가져오는 일에 영감을 주고 싶습니다."

우리는 쓰레기를 버리고 버린 쓰레기에 대해 다시 생각하지 않습니다. 롭 그린필드는 이러한 '쓰레기에 대한 잊힘'이 얼마나 심각한지 보여 주기 위해 시각적인 운동을 벌인 것입니다. 사람들에게 자신의 모습을 보면서 자신이 버리고 있는 '쓰레기'에 대해 생각해 보자고 말합니다.

롭 그린필드는 지구 환경을 보호하고 지속 가능한 삶을 살기 위해 다양한 활동을 전개하고 있습니다. 그는 폐기물이나 식량 등 다양한 문제에 대한 인식을 높이고, 사람들이 소비 생활과 삶

의 방식을 바꿀 수 있는 방법을 제시합니다.

그가 진행한 대표적인 활동으로는, 30일간 쓰레기 없는 생활을 하거나 대나무 자전거를 이용해서 미국 대륙을 두 번 횡단하는 여행 등이 있습니다. 이때 욕실에서의 샤워를 1,000일 동안 하지 않은 것으로도 유명한데, 여행 중에 폭포나 강과 같은 자연환경에서 몸을 씻거나, 흐르거나 새는 물을 이용하여 씻기도 했습니다.

또한 여행 중에 먹을 것을 구하기 위해 쓰레기통을 뒤진 것으로도 유명합니다. 음식점이나 식료품 가게 옆에 있는 쓰레기통을 뒤진 그린필드는 쓰레기통에 먹을 수 있는 음식들이 정말 많이 버려져 있다는 것을 확인하면서, 미국의 경우 음식물 쓰레기를 처리하는 비용이 한 해에 165조 원인데 이 돈을 도서관이나 공원을 만드는 데 사용한다면 얼마나 의미 있을까를 상상했습니다.

이러한 활동을 통해 그린필드는 전 세계에서 지속 가능한 삶을 추구하는 활동가로 알려져 있습니다. 쓰레기를 줄이기 위해서 그린필드가 한 16가지 일을 생각해 보고, 함께 이야기 나누면 좋겠습니다.

1. 줄여라.
2. 다시 사용해라.

3. 재활용하라.

4. 고쳐 써라.

5. 거절하라.

6. 퇴비로 만들어라.

7. 일회용 제품은 거절하라.

8. 포장되어 있지 않은 음식을 사라.

9. 외출할 때는 자신이 사용할 물건을 챙겨라.

10. 리필하라.

11. 스스로 만들어라.

12. 중고 제품을 사라.

13. 질 좋은 물건을 사라.

14. 물건을 소중히 다뤄라.

15. 매사에 감사하라.

16. 배출되는 쓰레기를 모니터링해 보라.

재활용품으로 명작을 만든다고?
크리스 조던

멀리서 보았을 때 정말 멋있어서 가까이 다가가서 봤더니 페트병 뚜껑이나 낡은 단추, 담배꽁초를 이용해 만든 작품이었던 적이 있습니다. 처음에는 작품의 아름다움에 놀랐고, 다음으로는 저렇게 많은 쓰레기를 어떻게 모았는지 궁금했지요. 그러고 나서는 어떻게 저런 생각을 했을까 감탄했습니다.

이처럼 재활용품을 이용해 명작을 만드는 작가가 있습니다. 그에 대해 한번 알아볼까요?

크리스 조던은 앨버트로스 다큐멘터리를 찍은 작가로 유명합니다. 원래는 법학을 전공했고, 박사 학위를 받은 후 10년간 변호사로 활동했다고 하지요. 그러다가 2003년에 변호사 면허를 반납하고 사진 기자가 되었습니다. 2009년에 북태평양의 미드웨이 섬으로 떠나서 이후 앨버트로스를 수년간 찍었다고 합니다.

앨버트로스는 날개를 편 길이가 3~4미터, 몸길이는 91센티미터에 달하는 매우 큰 새로 가장 높이, 가장 멀리 나는 새로 유명합니다. 날개를 퍼덕이지 않고도 6일 동안이나 계속해서 날 수 있다고도 하지요.

안타깝게도 지금은 멸종 위기에 놓여 있습니다. 플라스틱 등의 쓰레기를 먹이로 착각해 먹다 죽거나 새끼에게 먹이는 경우가 많다고 하지요. 또한 원양 어선 근처에서 먹이를 찾다가 낚싯줄에 걸려 죽는 모습도 종종 목격되고 있습니다.

크리스 조던은 2008년부터 8년 동안 앨버트로스를 카메라에 담았습니다. 그는 앨버트로스가 삼킨 먹이를 게워 내어 어린 새끼에게 먹이는 모습을 보고 깊은 감동을 받았습니다. 하지만 때에 따라서는 그런 모습이 굉장히 슬프고 고통스러운 장면이기도 했습니다.

전 세계 새들 중 해마다 100만 마리 이상이 플라스틱 쓰레기로 죽음을 맞이합니다. 앨버트로스 역시 플라스틱 때문에 죽기 일쑤

였지요. 그 모습을 카메라에 담아야 했던 조던은 그때마다 고통스러웠다고 합니다.

조던은 환경 문제를 해결하기 위해서는 인류의 집단적인 노력이 필요하며, 우리 내면에 있는 지구와 생명에 대한 사랑을 일깨우는 것이 그 시작이라고 생각했습니다. 환경에 대한 경각심을 주는 사진을 찍는 것이 자신의 사명이라 여겼지요.

2019년 조던은 우리나라에서 〈크리스 조던: 아름다움 너머〉라는 전시회를 열었습니다. 전시회에서는 여러 작품을 볼 수 있었는데, 특히 쓰레기로 만들어진 다양한 작품들이 눈에 띄었습니다.

〈둥근달 너머〉라는 작품은 꼭 달 사진 같지만, 자세히 살펴보면 2만 개의 신용 카드로 이루어져 있는 작품입니다. 왜 2만 개로 만들었을까요? 이 숫자는 2010년에 미국에서 매주 접수된 개인 파산 신청의 평균 건수라고 합니다.

〈캡 쇠라〉라는 작품을 보면, 19세기 프랑스 화가 조르주 쇠라의 〈그랑드자트 섬의 일요일〉이 연상됩니다. 자세히 들여다보면 40만 개의 페트병 뚜껑이 있습니다. 페트병 뚜껑을 모으는 일도 어려웠을 것 같습니다. 이 숫자는 미국에서 1분마다 소비되는 페트병 개수와 같다고 하지요.

가장 유명한 작품 중 하나로 〈보티첼리의 비너스〉가 있습니다. 이 작품은 15세기 르네상스의 화가 보티첼리의 작품인 〈비너스〉

를 그대로 묘사한 것 같지만 자세히 보면 24만 개의 비닐봉지로 표현한 것입니다. 이 작품에는 어떤 의미가 담겨 있을까요? 이 숫자는 전 세계에서 10초마다 소비되는 비닐봉지 개수를 추정한 것이라고 합니다.

이처럼 크리스 조던은 소비에 대해 생각해 볼 수 있는 다양한 작품들을 제작하여 많은 사람들에게 환경 문제의 심각성을 인식시키고 해결 방안을 촉구하는 데 힘쓰고 있습니다.